〔漢〕鄭玄等注

十三經古注

九

孝經
論語

中華書局

本册目録

［著者小傳］玄宗，唐睿宗第三子，名隆基。封臨淄王。英武有才略。值韋氏之亂，密謀匡復，起兵誅韋氏，奉父睿宗即位，旋受禪。以姚崇宋璟爲相，開元之治，比於貞觀。天寶後，安禄山作亂，避難奔蜀。太子即位靈武，尊帝爲上皇天帝。在位四十四年。

論語

［著者小傳］何晏，字平叔。漢末南陽宛人。何進之孫。爲吏部尚書，尚公主。著述凡數十篇。

孝經

四部備要

經部

上海中華書局據永懷堂本校刊

桐鄉 陸費逵 總勘

杭縣 高時顯 吳汝霖 輯校

杭縣 丁輔之 監造

孝經序

夫孝經者孔子之所述作也述作之旨者昔聖人藴大聖德生不偶時適値周室衰微王綱失墜君臣僭亂禮樂崩頽居上位者賞罰不行居下位者褒貶無作孔子遂乃定禮樂刪詩書讃易道以明道德仁義之源修春秋以正君臣父子之法又慮雖知其法未知其行遂說孝經一十八章以明君臣父子之行所寄知其法者修其行知其行者謹其法故孝經緯曰孔子云欲觀我褒貶諸侯之志在春秋崇人倫之行在孝經是知孝經雖居六籍之外乃與春秋爲表矣先儒或云夫子爲曾參所說此未盡其指歸也蓋曾子在七十弟子中孝行最著孔子乃假立曾子爲請益問答之人以廣明孝道既說之後乃屬與曾子洎遭暴秦焚書並爲煨燼漢膺天命復闡微言孝經河間顏芝所藏因始傳之於世自西漢及魏歷晉宋齊梁註解之者迨及百家至有唐之初雖備祕府而簡編多有殘缺傳行者唯孔安國鄭康成兩家之註幷有梁博士皇侃義疏播於國序然辭多紕繆理昧精研至唐玄宗朝乃詔羣儒學官俾其集議是以劉子玄辨鄭註有十謬七惑司馬堅斥孔註多鄙俚不經其餘諸家註解皆榮華其言妄生穿鑿明皇遂於先儒註中採摭菁英芟去煩亂撮其義理允當者用爲註解至天寶二年註成頒行天下仍自八分御札勒于石碑卽今京兆石臺孝經是也成都府學主鄉貢傳注泰右撰

孝經目錄

孝經卷一

漢　鄭　氏註

明後學東吴金　蟠訂

開宗明義章第一

仲尼居。

仲尼孔子字。居謂閒居。

曾子侍。

曾子孔子弟子。侍謂侍坐。

子曰先王有至德要道。以順天下。民用和睦。上下無怨。

孝者德之至。道之要也。言先代聖德之王。能順天下人心。行此至要之化。則上下臣人和睦無怨。

汝知之乎。曾子避席曰參不敏。何足以知之。

參曾子名也。禮師有問避席起答。敏達也。言參不達。何足知此至要之義。

子曰夫孝德之本也。

人之行莫大於孝。故爲德本。

教之所由生也。

言教從孝而生。

復坐吾語汝。

曾參起對。故使復坐。

身體髮膚受之父母。不敢毀傷。孝之始也。

父母全而生之。己當全而歸之。故不敢毀傷。

立身行道揚名於後世。以顯父母。孝之終也。

言能立身行此孝道。自然名揚後世。光顯其親。故行孝以不毀爲先。揚名爲後。

夫孝始於事親。中於事君。終於立身。

言行孝以事親爲始。事君爲中。忠孝道著。乃能揚名榮親。故曰終於立身也。

大雅云無念爾祖。聿修厥德。

詩大雅也。無念念也。聿述也。厥其也。義取恒念先祖。述修其德。

天子章第二

子曰愛親者不敢惡於人。

博愛也。

敬親者不敢慢於人。

廣敬也。

愛敬盡於事親。而德教加於百姓。刑于四海。

刑法也。君行博愛廣敬之道。使人皆不慢惡其親。則德教加被天下。當爲四夷之所法則也。

蓋天子之孝也。

蓋猶略也。孝道廣大。此略言之。

甫刑云一人有慶。兆民賴之。

甫刑即尚書吕刑也。一人天子也。慶善也。十億曰兆。義取天子行孝。兆人皆賴其善。

孝經卷一

孝經卷二

漢　鄭　氏註

明後學東吳葛　鼒訂

諸侯章第三

在上不驕高而不危

諸侯列國之君貴在人上可謂高矣而能不驕則免危也

制節謹度滿而不溢

費用約儉謂之制節慎行禮法謂之謹度無禮爲驕奢泰爲溢

高而不危所以長守貴也滿而不溢所以長守富也

富貴不離其身然後能保其社稷而和其民人

列國皆有社稷其君主而祭之言富貴常在其身則長爲社稷之主而人自和平也

蓋諸侯之孝也詩云戰戰兢兢如臨深淵如履薄冰

戰戰恐懼兢兢戒慎臨深恐墜履薄恐陷義取爲君恒須戒懼

卿大夫章第四

非先王之法服不敢服

服者身之表也先王制五服各有等差言卿大夫遵守禮法不敢僭上偪下

非先王之法言不敢道非先王之德行不敢行

法言謂禮法之言德行謂道德之行爲言非法行非德則虧孝道故不敢也

是故非法不言非道不行

言必守法行必遵道

口無擇言身無擇行

言行皆遵法道所以無可擇也

言滿天下無口過行滿天下無怨惡

禮法之言焉有口過道德之行自無怨惡

三者備矣然後能守其宗廟

三者服言行也禮卿大夫立三廟以奉先祖言能備此三者則能長守宗廟之祀

蓋卿大夫之孝也詩云夙夜匪懈以事一人

夙早也懈惰也義取爲卿大夫能早夜不惰敬事其君也

士章第五

資於事父以事母而愛同資於事父以事君而敬同

資取也言愛父與母同敬父與君同

故母取其愛而君取其敬兼之者父也

言事父兼愛與敬也

故以孝事君則忠

移事父孝以事於君則爲忠矣

以敬事長則順

移事兄敬以事於長則爲順矣

忠順不失以事其上然後能保其祿位而守其祭祀

能盡忠順以事君長則常安祿位永守祭祀

蓋士之孝也詩云夙興夜寐無忝爾所生

忝辱也。所生，謂父母也。義取早起夜寐，無辱其親也。

孝經卷二

孝經卷三

漢　鄭氏註
明後學東吴金　蟠訂

庶人章第六

用天之道
春生夏長秋斂冬藏舉事順時此用天道也

分地之利
分別五土視其高下各盡所宜此分地利也

謹身節用以養父母
身恭謹則遠恥辱用節省則免饑寒公賦既充則私養不闕

此庶人之孝也
庶人為孝唯此而已

故自天子至於庶人孝無終始而患不及者未之有也
始自天子終於庶人尊卑雖殊孝道同致而患不能及者未之有也言無此理故曰未有

三才章第七

曾子曰甚哉孝之大也
參聞行孝無限高卑始知孝之為大也

子曰夫孝天之經也地之義也民之行也
經常也利物為義孝為百行之首人之常德若三辰運天而有常五土分地而為義也

天地之經而民是則之
天有常明地有常利言人法則天地亦以孝為常行也

則天之明因地之利以順天下是以其教不肅而成其政不嚴而治
法天明以為常因地利以行義順此以施政教則不待嚴肅而成理也

先王見教之可以化民也
見因天地教化民之易也

是故先之以博愛而民莫遺其親
君愛其親則人化之無有遺其親者

陳之以德義而民興行
陳說德義之美為衆所慕則人起心而行之

先之以敬讓而民不爭
君行敬讓則人化而不爭

導之以禮樂而民和睦
禮以檢其跡樂以正其心則和睦矣

示之以好惡而民知禁
示好以引之示惡以止之則人知有禁令不敢犯也

詩云赫赫師尹民具爾瞻
赫赫明盛貌也尹氏為太師周之三公也義取大臣助君行化人皆瞻之也

孝經卷三

孝經卷四

漢　鄭　氏註

明後學東吳葛　鼒訂

孝治章第八

子曰。昔者明王之以孝治天下也。

言先代聖明之王，以至德要道化人，是爲孝理。

不敢遺小國之臣，而況於公侯伯子男乎。

小國之臣，至卑者耳，王尚接之以禮，況於五等諸侯，是廣敬也。

故得萬國之懽心，以事其先王。

萬國，舉其多也。言行孝道以理天下，皆得歡心，則各以其職來助祭也。

治國者不敢侮於鰥寡，而況於士民乎。

理國，謂諸侯也。鰥寡，國之微者，君尚不敢輕侮，況知禮義之士乎。

故得百姓之懽心，以事其先君。

諸侯能行孝理，得所統之懽心，則皆恭事助其祭享也。

治家者不敢失於臣妾，而況於妻子乎。

理家，謂卿大夫。臣妾，家之賤者。妻子，家之貴者。

故得人之懽心，以事其親。

卿大夫位以材進，受祿養親，若能孝理其家，則得小大之懽心，助其奉養。

夫然，故生則親安之，祭則鬼享之。

夫然者，上孝理，皆得懽心，則存安其榮，没享其祭。

是以天下和平，災害不生，禍亂不作。

上敬下懽，存安没享，人用和睦，以致大平，則災害禍亂無因而起。

故明王之以孝治天下也如此。

言明王以孝爲理，則諸侯以下化而行之，故致如此福應。

詩云。有覺德行，四國順之。

覺，大也。義取天子有大德行，則四方之國順而行之。

孝經卷四

孝經卷五

漢　鄭　氏註

明後學東吳金　蟠訂

聖治章第九

曾子曰敢問聖人之德無以加於孝乎

參問明王孝理以致和平又問聖人德教更有大於孝不

子曰天地之性人爲貴

貴其異於萬物也

人之行莫大於孝

孝者德之本也

孝莫大於嚴父

萬物資始於乾人倫資父爲天故孝行之大莫過尊嚴其父也

嚴父莫大於配天則周公其人也

謂父爲天雖無貴賤然以父配天之禮始自周公故曰其人也

昔者周公郊祀后稷以配天

后稷周之始祖也郊謂圜丘祀天也周公攝政因行郊天之祭乃尊始祖以配之也

宗祀文王於明堂以配上帝

明堂天子布政之宮也周公因祀五方上帝於明堂乃尊文王以配之也

是以四海之內各以其職來祭

君行嚴配之禮則德教刑於四海海內諸侯各修其職來助祭也

夫聖人之德又何以加於孝乎

言無大於孝者

故親生之膝下以養父母日嚴

親猶愛也膝下謂孩幼之時也言親愛之心生於孩幼比及年長漸識義方則日加尊嚴能致敬於父母也

聖人因嚴以教敬因親以教愛

聖人因其親嚴之心敬以愛敬之教故出以就傅趨而過庭以教敬也抑搔癢痛懸衾篋枕以教愛也

聖人之教不肅而成其政不嚴而治

聖人順羣心以行愛敬制禮則以施政教亦不待嚴肅而成理也

其所因者本也

本謂孝也

父子之道天性也君臣之義也

父子之道天性之常加以尊嚴又有君臣之義

父母生之續莫大焉

父母生子傳體相續人倫之道莫大於斯

君親臨之厚莫重焉

謂父爲君以臨於己恩義之厚莫重於斯

故不愛其親而愛他人者謂之悖德不敬其親而敬他人者謂之悖禮

言盡愛敬之道然後施教於人違此則於德禮爲悖也

以順則逆民無則焉

行教以順人心今日逆之則下無所法則也

不在於善而皆在於凶德

善謂身行愛敬也凶謂悖其德禮也

雖得之君子不貴也

言悖其德禮雖得志於人上君子之不貴也

君子則不然

不悖德禮也

言思可道行思可樂

思可道而後言人必信也思可樂而後行人必悅也

德義可尊作事可法

立德行義不違道正故可尊也制作事業動得物宜故可法也

容止可觀進退可度

容止威儀也必合規矩則可觀也進退動靜也不越禮法則可度也

以臨其民是以其民畏而愛之則而象之

君行六事臨撫其人則下畏其威愛其德皆放象於君也

故能成其德教而行其政令

上正身以率下下順上而法之則德教成政令行也

詩云淑人君子其儀不忒

淑善也忒差也義取君子威儀不差爲人法則

孝經卷五

孝經卷六

漢 鄭 氏註

明後學東吳葛 鼒訂

紀孝行章第十

子曰：孝子之事親也，居則致其敬。

平居必盡其敬。

養則致其樂。

就養能致其懽。

病則致其憂。

色不滿容，行不正履。

喪則致其哀。

擗踊哭泣，盡其哀情。

祭則致其嚴。

齋戒沐浴，明發不寐。

五者備矣，然後能事親。

五者闕一，則未為能。

事親者，居上不驕。

當莊敬以臨下也。

為下不亂。

當恭謹以奉上也。

在醜不爭。

醜，衆也。爭，競也。當和順以從衆也。

居上而驕則亡，為下而亂則刑，在醜而爭則兵。

謂以兵刃相加。

三者不除，雖日用三牲之養，猶為不孝也。

三牲，太牢也。孝以不毀為先。言上三事皆可亡身，而不除之，雖日致太牢之養，固非孝也。

五刑章第十一

子曰：五刑之屬三千，而罪莫大於不孝。

五刑，謂墨、劓、臏、宮、大辟也。條有三千，而罪之大者，莫過不孝。

要君者無上。

君者，臣之稟命也，而敢要之，是無上也。

非聖人者無法。

聖人制作禮樂，而敢非之，是無法也。

非孝者無親。

善事父母為孝，而敢非之，是無親也。

此大亂之道也。

言人有上三惡，豈唯不孝，乃是大亂之道。

廣要道章第十二

子曰：教民親愛，莫善於孝；教民禮順，莫善於悌。

言教人親愛禮順，無加於孝悌也。

移風易俗，莫善於樂。

風俗移易，先入樂聲。變隨人心，正由君德。正之與變，因樂而彰，故曰莫善於樂。

安上治民，莫善於禮。

禮所以正君臣、父子之別，明男女長幼之序，故可以安上化下也。

禮者，敬而已矣。

敬者，禮之本也。

故敬其父則子悅，敬其兄則弟悅，敬其君則臣悅，敬一人而千萬人悅。

居上敬下，盡得懽心，故曰悅也。

敬者寡而悅者衆，此之謂要道也。

孝經卷六

孝經卷七

漢　鄭　氏註

明後學東吳金　蟠訂

廣至德章第十三

子曰君子之教以孝也非家至而日見之也

言教不必家到戶至日見而語之但行孝於內其化自流於外

教以孝所以敬天下之爲人父者也教以悌所以敬天下之爲人兄者也

舉孝悌以爲教則天下之爲人子弟者無不敬其父兄也

教以臣所以敬天下之爲人君者也

舉臣道以爲教則天下之爲人臣者無不敬其君也

詩云愷悌君子民之父母

愷樂也悌易也義取君以樂易之道化人則爲天下蒼生之父母也

非至德其孰能順民如此其大者乎

廣揚名章第十四

子曰君子之事親孝故忠可移於君

以孝事君則忠

事兄悌故順可移於長

以敬事長則順

居家理故治可移於官

君子所居則化故可移於官也

是以行成於內而名立於後世矣

修上三德於內名自傳於後代

諫諍章第十五

曾子曰若夫慈愛恭敬安親揚名則聞命矣敢問子從父之令可謂孝乎

事父有隱無犯又敬不違故疑而問之

子曰是何言與是何言與

有非而從成父不義理所不可故再言之

昔者天子有爭臣七人雖無道不失其天下諸侯有爭臣五人雖無道不失其國大夫有爭臣三人雖無道不失其家

降殺以兩尊卑之差爭謂諫也言雖無道爲有爭臣則終不至失天下亡家國也

士有爭友則身不離於令名

令善也益者三友言受忠告故不失其善名

父有爭子則身不陷於不義

父失則諫故免陷於不義

故當不義則子不可以不爭於父臣不可以不爭於君

不爭則非忠孝

故當不義，則爭之。從父之令，又焉得爲孝乎。

孝經卷七

孝經卷八

漢　鄭　氏註

明後學東吳葛　鼒訂

感應章第十六

子曰：昔者明王事父孝，故事天明；事母孝，故事地察。

王者父事天，母事地。言能敬事宗廟，則事天地能明察也。

長幼順，故上下治。

君能尊諸父，先諸兄，則長幼之道順，君人之化理。

天地明察，神明彰矣。

事天地能明察，則神感至誠而降福佑，故曰彰也。

故雖天子，必有尊也，言有父也；必有先也，言有兄也。

父謂諸父，兄謂諸兄，皆祖考之胤也。禮，君燕族人，與父兄齒也。

宗廟致敬，不忘親也。

言能敬事宗廟，則不敢忘其親也。

修身慎行，恐辱先也。

天子雖無上於天下，猶脩持其身，謹慎其行，恐辱先祖而毀盛業也。

宗廟致敬，鬼神著矣。

事宗廟能盡敬，則祖考來格，享於克誠，故曰著也。

孝悌之至，通於神明，光于四海，無所不通。

能敬宗廟，順長幼，以極孝悌之心，則至性通於神明，光于四海，故曰無所不通。

詩云：自西自東，自南自北，無思不服。

義取德教流行，莫不服義從化也。

事君章第十七

子曰：君子之事上也，

上謂君也。

進思盡忠，

進見於君，則思盡忠節。

退思補過，

君有過失，則思補益。

將順其美，

將，行也。君有美善，則順而行之。

匡救其惡，

匡，正也；救，止也。君有過惡，則正而止之。

故上下能相親也。

下以忠事上，上以義接下，君臣同德，故能相親。

詩云：心乎愛矣，遐不謂矣，中心藏之，何日忘之。

遐，遠也。義取臣心愛君，雖離左右，不謂為遠，愛君之志，恆藏心中，無日暫忘也。

孝經卷八

孝經卷九

漢　鄭　氏註
明後學東吳金　蟠訂

喪親章第十八

子曰：孝子之喪親也。（生事已畢，死事未見，故發此事。）

哭不偯。（氣竭而息，聲不委曲。）

禮無容。（觸地無容。）

言不文。（不爲文飾。）

服美不安。（不安美飾，故服縗麻。）

聞樂不樂。（悲哀在心，故不樂也。）

食旨不甘。（旨，甘美也。不甘美味，故疏食水飲。）

此哀戚之情也。（謂上六句。）

三日而食，教民無以死傷生，毀不滅性，此聖人之政也。（不食三日，哀毀過情，滅性而死，皆虧孝道，故聖人之制禮施教，不令至於殞滅。）

喪不過三年，示民有終也。（三年之喪，天下達禮，使不肖企及，賢者俯從。夫孝子有終身之憂，聖人以三年爲制者，使人知有終竟之限也。）

爲之棺椁衣衾而舉之。（周尸爲棺，周棺爲椁。衣謂斂衣，衾被也。舉謂舉屍內於棺也。）

陳其簠簋而哀戚之。（簠簋，祭器也。陳奠素器而不見親，故哀感也。）

擗踊哭泣，哀以送之。（男踊女擗，祖載送之。）

卜其宅兆而安措之。（宅，墓穴也。兆，塋域也。葬事大，故卜之。）

爲之宗廟，以鬼享之。（立廟祔祖之後，則以鬼禮享之。）

春秋祭祀，以時思之。（寒暑變移，益用增感，以時祭祀，展其孝思也。）

生事愛敬，死事哀感，生民之本盡矣，死生之義備矣，孝子之事親終矣。

愛敬哀感，孝行之始終也。備陳死生之義，以盡孝子之情。

孝經卷九

論語

1945

四部備要

經部

上海中華書局據永懷堂本校刊

桐鄉陸費逵總勘

杭縣高時顯 吳汝霖輯校

杭縣丁輔之監造

論語序

敘曰漢中壘校尉劉向言魯論語二十篇皆孔子弟子記諸善言也太子太傅夏侯勝前將軍蕭望之丞相韋賢及子玄成等傳之齊論語二十二篇其二十篇中章句頗多於魯論琅邪王卿及膠東庸生昌邑中尉王吉皆以教授故有魯論有齊論魯共王時嘗欲以孔子宅爲宫壞得古文論語齊論有問王知道多於魯論二篇古論亦無此二篇分堯曰下章子張問以爲一篇有兩子張凡二十一篇篇次不與齊魯論同安昌侯張禹本受魯論兼講齊說善者從之號曰張侯論爲世所貴包氏周氏章句出焉古論唯博士孔安國爲之訓解而世不傳至順帝時南郡太守馬融亦爲之訓說漢末大司農鄭玄就魯論篇章考之齊古爲之註近故司空陳羣太常王肅博士周生烈皆爲義說前世傳授師說雖有異同不爲訓解中間爲之訓解至于今多矣所見不同互有得失今集諸家之善記其姓名有不安者頗爲改易名曰論語集解光禄大夫關内侯臣孫邕光禄大夫臣鄭沖散騎常侍中領軍安鄉亭侯臣曹羲侍中臣荀顗尚書駙馬都尉關内侯臣何晏等上

古註論語姓氏攷

劉向

向字子政高祖少弟楚元王之後本名更生成帝卽位更名向專精經術成帝詔校經傳諸子詩賦每書條其篇目撮其指意錄而奏之著別錄新序說苑

夏侯勝

勝字長公東平人好學善說禮服宣帝時勝以尚書授太后遷長信少府坐議廟樂下獄繫再更冬赦出爲諫大夫復爲長信少府遷太子太傅受詔撰尚書論語說賜黄金百斤年九十卒太后賜錢二百萬爲勝素服五日以報師傅之恩儒者榮之

蕭望之

望之字長倩東海蘭陵人從夏侯勝問論語禮服累遷諫大夫代丙吉爲御史大夫左遷太子太傅元帝時爲弘恭石顯等所害天子聞之卻食涕泣哀慟左右

韋賢

賢字長孺魯國鄒人篤學兼通禮尚書以詩教授稱鄒魯大儒本始三年爲丞相封扶陽侯

韋玄成

玄成字少翁韋賢之少子復以明經歷至丞相謚共侯

王卿

按天漢元年卿由濟南太守爲御史大夫

庸生

按生名譚生蓋古謂有德者也

王吉

吉字子陽琅邪皐虞人少好學明經以郡吏舉孝廉爲郎補若盧丞遷雲陽令舉賢良爲昌邑中尉

張禹

禹字子文河内軹人從沛郡施讎受易王陽庸生問論語舉爲郡文學試博士初元中禹授太子論語遷光禄大夫成帝卽位以師賜爵關内侯給事中領尚書事爲丞相封安昌侯

包咸

按咸字子良會稽曲阿人少爲諸生倡魯詩論語舉孝廉除郎中建武中入授皇太子論語又

爲其章句拜諫議大夫永平五年拜大鴻臚

周氏

不詳

孔安國

詳見總目

馬融

融字季長扶風茂陵人永初中爲校書郎陽嘉二年拜議郎轉武都太守三遷爲南郡太守註孝經論語詩易尚書三禮

鄭玄

詳見總目

陳羣

按羣字長文潁川許昌人魏祖辟爲司空西曹屬文帝時遷尚書僕射明帝時進封潁陰侯爲司空

王肅

肅字子雝東海蘭陵人魏衞將軍太常蘭陵景侯註尚書禮喪服論語孔子家語述毛詩註作聖證論難

周生烈

按生烈燉煌人字文逸本姓唐魏博士侍中

孫邕

按邕字宗儒樂安青州人仕魏至光祿大夫關內侯

鄭冲

冲字文和滎陽開封人寒微立操魏文帝爲太子命爲文學累遷尚書郎出補陳留太守轉散騎常侍光祿勳

曹羲

羲沛國譙人魏宗室曹爽之弟

荀顗

顗字景倩荀彧之子性至孝總角知名咸熙中爲司空

何晏

晏字平叔南陽宛人何進之孫爲吏部尚書尚公主著述凡數十篇

崇禎己卯仲冬東吳金　蟠錄

古註論語姓氏攷

論語目錄

堯曰第二十

論語目錄

論語卷一

魏尚書駙馬都尉關內侯南陽何　晏集解

明　後　學　東吳金　蟠較訂

學而第一

子曰學而時習之不亦說乎

馬曰子者男子之通稱謂孔子也王曰時者學者以時誦習之誦習以時學無廢業所以爲說懌

有朋自遠方來不亦樂乎

包曰同門曰朋

人不知而不慍不亦君子乎

慍怒也凡人有所不知君子不怒

有子曰其爲人也孝弟而好犯上者鮮矣

孔子弟子有若鮮少也上謂凡在己上者言孝弟之人必恭順好欲犯其上者少也

不好犯上而好作亂者未之有也君子務本本立而道生

本基也基立而後可大成

孝弟也者其爲仁之本與

先能事父兄然後仁道可大成

子曰巧言令色鮮矣仁

包曰巧言好其言語令色善其顏色皆欲令人說之少能有仁也

曾子曰

馬曰弟子曾參

吾日三省吾身爲人謀而不忠乎與朋友交而不信乎傳不習乎

言凡所傳之事得無素不講習而傳之

子曰道千乘之國

馬曰道謂爲之政教司馬法六尺爲步步百爲畝畝百爲夫夫三爲屋屋三爲井井十爲通通十爲成成出革車一乘然則千乘之賦其地千成居地方三百一十六里有畸唯公侯之封乃能容之雖大國之賦亦不是過焉包曰道治也千乘之國者百里之國也古者井田方里爲井十井爲乘百里之國適千乘也融依周禮包依王制孟子義疑故兩存焉

敬事而信

包曰爲國者舉事必敬慎與民必誠信

節用而愛人

包曰節用不奢侈國以民爲本故愛養之

使民以時

包曰作事使民必以其時不妨奪農務

子曰弟子入則孝出則弟謹而信汎愛衆而親仁行有餘力則以學文

馬曰文者古之遺文

子夏曰賢賢易色

孔曰子夏弟子卜商也言以好色之心好賢則善

事父母能竭其力事君能致其身

孔曰盡忠節不愛其身

與朋友交言而有信雖曰未學吾必謂之學矣

子曰君子不重則不威學則不固

孔曰固蔽也一曰言人不能敦重既無威嚴學又不能堅固識其義理

主忠信無友不如己者過則勿憚改

鄭曰主親也憚難也

曾子曰慎終追遠民德歸厚矣

孔曰慎終者喪盡其哀追遠者祭盡其敬君能行此二者民化其德皆歸於厚也

子禽問於子貢曰夫子至於是邦也必聞其政求之與抑與之與

鄭曰子禽弟子陳亢也子貢弟子姓端木名賜亢怪孔子所至之邦必與聞其國政求而得之耶抑人君自願與之為治

子貢曰夫子温良恭儉讓以得之夫子之求之也其諸異乎人之求之與

鄭曰言夫子行此五德而得之與人求之異明人君自與之

子曰父在觀其志父沒觀其行

孔曰父在子不得自專故觀其志而已父沒乃觀其行

三年無改於父之道可謂孝矣

孔曰孝子在喪哀慕猶若父存無所改於父之道

有子曰禮之用和為貴先王之道斯為美小大由之有所不行知和而和不以禮節之亦不可行也

馬曰人知禮貴和而每事從和不以禮為節亦不可行

有子曰信近於義言可復也

復猶覆也義不必信信非義也以其言可反覆故曰近義

恭近於禮遠恥辱也

恭不合禮非禮也以其能遠恥辱故曰近禮也

因不失其親亦可宗也

孔曰因親也言所親不失其親亦可宗敬

子曰君子食無求飽居無求安

鄭曰學者之志有所不暇

敏於事而慎於言就有道而正焉可謂好學也已

孔曰敏疾也有道有道德者正謂問其是非

子貢曰貧而無諂富而無驕何如子曰可也

孔曰未足多

未若貧而樂富而好禮者也

鄭曰樂謂志於道不以貧為憂苦

子貢曰詩云如切如磋如琢如磨其斯之謂與

孔曰能貧而樂道富而好禮者能自切磋琢磨

子曰賜也始可與言詩已矣告諸往而知來者

孔曰。諸。之也。子貢知引詩以成孔子義。善取類。故然之。往告之以貧而樂道。來答以切磋琢磨。

子曰。不患人之不己知。患不知人也。

論語卷一

論語卷二

魏尚書駙馬都尉關內侯南陽何　晏集解

明　後　學　東吳葛　鼒較訂

爲政第二

子曰：爲政以德，譬如北辰居其所而衆星共之。包曰：德者無爲，猶北辰之不移而衆星共之。

子曰：詩三百，孔曰：篇之大數。一言以蔽之，包曰：蔽猶當也。曰思無邪。包曰：歸於正。

子曰：道之以政，齊之以刑，民免而無恥。孔曰：政謂法教。馬曰：齊整之以刑罰。孔曰：免，苟免。道之以德，包曰：德謂道德。齊之以禮，有恥且格。格，正也。

子曰：吾十有五而志于學，三十而立，有所成也。四十而不惑，孔曰：不疑惑。五十而知天命，六十而耳順，七十而從心所欲，不踰矩。孔曰：知天命之始終。鄭曰：耳聞其言而知其微旨。馬曰：矩，法也。從心所欲無非法。

孟懿子問孝。孔曰：魯大夫仲孫何忌，懿，謚也。子曰：無違。樊遲御，子告之曰：孟孫問孝於我，我對曰無違。鄭曰：恐孟孫不曉無違之意，將問於樊遲，故告之。樊遲，弟子樊須。樊遲曰：何謂也？子曰：生事之以禮，死葬之以禮，祭之以禮。

孟武伯問孝。子曰：父母唯其疾之憂。馬曰：武伯，懿子之子仲孫彘，武，謚也。言孝子不妄爲非，唯疾病然後使父母憂。

子游問孝。孔曰：子游，弟子，姓言，名偃。子曰：今之孝者，是謂能養。至於犬馬，皆能有養，不敬，何以別乎？包曰：犬以守禦，馬以代勞，皆養人者。一曰：人之所養，乃至於犬馬，不敬則無以別。孟子曰：食而不愛，豕畜之；愛而不敬，獸畜之。

子夏問孝子曰色難
包曰色難者謂承順父母顏色乃爲難
有事弟子服其勞有酒食先生饌
馬曰先生謂父兄饌飲食也
曾是以爲孝乎
馬曰孔子喻子夏服勞先食汝謂此爲孝乎未孝也承順父母顏色乃爲孝也
子曰吾與回言終日不違如愚
孔曰回弟子姓顏名回字子淵魯人也不違者無所怪問於孔子之言默而識之如愚
退而省其私亦足以發回也不愚
孔曰察其退還與二三子說繹道義發明大體知其不愚
子曰視其所以觀其所由察其所安人焉廋哉人焉廋哉
以用也言視其所行用由經也言觀其所經從孔曰廋匿也言觀人終始安所匿其情
子曰溫故而知新可以爲師矣
溫尋也尋繹故者又知新者可以爲人師矣
子曰君子不器
包曰器者各周其用至於君子無所不施
子貢問君子子曰先行其言而後從之
孔曰疾小人多言而行之不周
子曰君子周而不比小人比而不周
孔曰忠信爲周阿黨爲比
子曰學而不思則罔
包曰學不尋思其義則罔然無所得
思而不學則殆
不學而思終卒不得徒使人精神疲殆
子曰攻乎異端斯害也已
攻治也善道有統故殊塗而同歸異端不同歸也
子曰由誨汝知之乎知之爲知之不知爲不知是知也
孔曰弟子姓仲名由字子路
子張學干祿
鄭曰弟子姓顓孫名師字子張干求也祿祿位也
子曰多聞闕疑愼言其餘則寡尤
包曰尤過也疑則闕之其餘不疑猶愼言之則少過
多見闕殆愼行其餘則寡悔
包曰殆危也所見危者闕而不行則少悔
言寡尤行寡悔祿在其中矣
鄭曰言行如此雖不得祿亦同得祿之道
哀公問曰何爲則民服
包曰哀公魯君謚

孔子對曰舉直錯諸枉則民服包曰錯置也舉正直之人用之廢置邪枉之人則民服其上舉枉錯諸直則民不服

季康子問使民敬忠以勸如之何子曰臨之以莊則敬孔曰魯卿季孫肥康謚包曰莊嚴也君臨民以嚴則民敬其上孝慈則忠包曰君能上孝於親下慈於民則民忠矣舉善而教不能則勸包曰舉用善人而教不能者則民勸勉

或謂孔子曰子奚不爲政包曰或人以爲居位乃是爲政子曰書云孝乎惟孝友于兄弟施於有政是亦爲政奚其爲爲政包曰孝乎惟孝美大孝之辭友于兄弟善于兄弟施行也所行有政道與爲政同

子曰人而無信不知其可也孔曰言人而無信其餘終無可大車無輗小車無軏其何以行之哉包曰大車牛車輗者轅端橫木以縛軛小車駟馬車軏者轅端上曲鉤衡

子張問十世可知也孔曰文質禮變子曰殷因於夏禮所損益可知也周因於殷禮所損益可知也馬曰所因謂三綱五常所損益謂文質三統其或繼周者雖百世可知也物類相召世數相生其變有常故可預知

子曰非其鬼而祭之諂也鄭曰人神曰鬼非其祖考而祭之者是諂求福見義不爲無勇也孔曰義所宜爲而不能爲是無勇

論語卷二

論語卷三

魏尚書駙馬都尉關内侯南陽何　晏集解

明　後　學　東吳金　蟠較訂

八佾第三

孔子謂季氏八佾舞於庭是可忍也孰不可忍也

馬曰孰誰也佾列也天子八佾諸侯六卿大夫四士二八人爲列八八六十四人魯以周公故受王者禮樂有八佾之舞季桓子僭於其家廟舞之故孔子譏之

三家者以雍徹

馬曰三家謂仲孫叔孫季孫雍周頌臣工篇名天子祭於宗廟歌之以徹祭今三家亦作此樂

子曰相維辟公天子穆穆奚取於三家之堂

包曰辟公謂諸侯及二王之後穆穆天子之容貌雍篇歌此者有諸侯及二王之後來助祭故也今三家但家臣而已何取此義而作之於堂耶

子曰人而不仁如禮何人而不仁如樂何

包曰言人而不仁必不能行禮樂

林放問禮之本

鄭曰林放魯人

子曰大哉問禮與其奢也寧儉喪與其易也寧戚

包曰易和易也言禮之本意失於奢不如儉喪失於和易不如哀戚

子曰夷狄之有君不如諸夏之亡也

包曰諸夏中國亡無也

季氏旅於泰山子謂冉有曰女弗能救與

馬曰旅祭名也禮諸侯祭山川在其封内者今陪臣祭泰山非禮也冉有弟子冉求時仕於季氏救猶止也

對曰不能子曰嗚呼曾謂泰山不如林放乎

包曰神不享非禮林放尚知問禮泰山之神反不如林放邪欲誣而祭之

子曰君子無所爭必也射乎

孔曰言於射而後有爭

揖讓而升下而飲其爭也君子

王曰射於堂升及下皆揖讓而相飲馬曰多筭飲少筭君子之所爭

子夏問曰巧笑倩兮美目盼兮素以爲絢兮何謂也

馬曰倩笑貌盼動目貌絢文貌此上二句在衛風碩人之二章其下一句逸也

子曰繪事後素

鄭曰繪畫文也凡繪畫先布衆色然後以素分布其間以成其文喻美女雖有倩盼美質亦須禮以成之

曰禮後乎

孔曰孔子言繪事後素子夏聞而解知以素喻禮故曰禮後乎

子曰起予者商也始可與言詩已矣

包曰予我也孔子言子夏能發明我意可與共言詩

子曰夏禮吾能言之杞不足徵也殷禮吾能言之宋不足徵也

包曰徵成也杞宋二國名夏殷之後夏殷之禮吾能說之杞宋之君不足以成也

文獻不足故也足則吾能徵之矣。

鄭曰獻猶賢也我不以禮成之者以此二國之君文章賢才不足故也

子曰禘自既灌而往者吾不欲觀之矣。

孔曰禘祫之禮爲序昭穆故毁廟之主及羣廟之主皆合食於太祖灌者酌鬱鬯灌於太祖以降神也既灌之後列尊卑序昭穆而魯逆祀躋僖公亂昭穆故不欲觀之矣

或問禘之說子曰不知也知其說者之於天下也其如示諸斯乎指其掌。

孔曰答以不知者爲魯諱包曰孔子謂或人言知禘禮之說者於天下之事如指示掌中之物言其易了

祭如在。

孔曰言事死如事生

祭神如神在。

孔曰謂祭百神

子曰吾不與祭如不祭。

包曰孔子或出或病而不自親祭使攝者爲之不致肅敬於心與不祭同

王孫賈問曰與其媚於奧寧媚於竈何謂也。

孔曰王孫賈衛大夫奧內也以喻近臣竈以喻執政賈執政者欲使孔子求暱之微以世俗之言感動之也

子曰不然獲罪於天無所禱也。

孔曰天以喻君孔子拒之曰如獲罪於天無所禱於衆神

子曰周監於二代郁郁乎文哉吾從周。

孔曰監視也言周文章備於二代當從之

子入太廟每事問或曰孰謂鄹人之子知禮乎入太廟每事問。

孔曰太廟周公廟孔子仕魯魯祭周公而助祭也孔曰鄹孔子父叔梁紇所治邑時人多言孔子知禮或人以爲知禮者不當復問

子聞之曰是禮也。

孔曰雖知之當復問愼之至也

子曰射不主皮。

馬曰射有五善焉一曰和志體和二曰和容有容儀三曰主皮能中質四曰和頌合雅頌五曰興武與舞同天子三侯以熊虎豹皮爲之言射者不但以中皮爲善亦兼取和容也

爲力不同科古之道也。

馬曰爲力役之事亦有上中下設三科焉故曰不同科

子貢欲去告朔之餼羊。

鄭曰牲生曰餼禮人君每月告朔於廟有祭謂之朝享魯自文公始不視朔子貢見其禮廢故欲去其羊

子曰賜也爾愛其羊我愛其禮。

包曰羊存猶以識其禮羊亡禮遂廢

子曰事君盡禮人以爲諂也。

孔曰時事君者多無禮故以有禮者爲諂

定公問君使臣臣事君如之何

孔曰定公魯君諡時臣失禮定公患之故問之

孔子對曰君使臣以禮臣事君以忠

子曰關雎樂而不淫哀而不傷

孔曰樂不至淫哀不至傷言其和也

哀公問社於宰我宰我對曰夏后氏以松殷人以柏周人以栗曰使民戰栗

孔曰凡建邦立社各以其土所宜之木宰我不本其意妄爲之說因周用栗便云使民戰栗

子聞之曰成事不說

包曰事已成不可復解說

遂事不諫

包曰事已遂不可復諫止

既往不咎

包曰事已往不可復追咎孔子非宰我故歷言此三者欲使慎其後

子曰管仲之器小哉

言其器量小也

或曰管仲儉乎

包曰或人見孔子小之以爲謂之太儉

曰管氏有三歸官事不攝焉得儉

包曰三歸娶三姓女婦人謂嫁曰歸攝猶兼也禮國君事大官各有人大夫兼并今管仲家臣備職非爲儉

然則管仲知禮乎曰邦君樹塞門管氏亦樹塞門邦君爲兩君之好有反坫管氏亦有反坫管氏而知禮孰不知禮

包曰或人以儉問故答以安得儉或人聞不儉便謂爲得禮鄭曰反坫反爵之坫在兩楹之間人君別內外於門樹屏以蔽之若與鄰國爲好會其獻酢之禮更酌酌畢則各反爵於坫上今管仲皆僭爲之如是是不知禮

子語魯太師樂曰樂其可知也始作翕如也從之純如也

太師樂官名五音始奏翕如盛從讀曰縱言五音既發放縱盡其音聲純純和諧也

皦如也

言其音節明也

繹如也以成

縱之以純如皦如繹如言樂始作翕如而成於三

儀封人請見

鄭曰儀蓋衛邑封人官名

曰君子之至於斯也吾未嘗不得見也從者見之

包曰從者弟子隨孔子行者通使得見

出曰二三子何患於喪乎天下之無道也久矣

孔曰語諸弟子言何患於夫子聖德之將喪亡邪天下之無道已久矣極衰必盛

天將以夫子爲木鐸。

孔曰木鐸施政教時所振也言天將命孔子制作法度以號令於天下

子謂韶盡美矣又盡善也。

孔曰韶舜樂名謂以聖德受禪故盡善

謂武盡美矣未盡善也。

孔曰武武王樂也以征伐取天下故未盡善

子曰居上不寬爲禮不敬臨喪不哀吾何以觀之哉。

論語卷三

論語卷四

魏尚書駙馬都尉關內侯南陽何　晏集解

明　後　學　東吳葛　鼒較訂

里仁第四

子曰里仁爲美

鄭曰里者仁之所居居於仁者之里是爲美

擇不處仁焉得知

鄭曰求居而不處仁者之里不得爲有知

子曰不仁者不可以久處約

孔曰久困則爲非

不可以長處樂

孔曰必驕佚

仁者安仁

包曰惟性仁者自然體之故謂安仁

知者利仁

王曰知仁爲美故利而行之

子曰惟仁者能好人能惡人

孔曰惟仁者能審人之所好惡

子曰苟志於仁矣無惡也

孔曰苟誠也言誠能志於仁則其餘終無惡

子曰富與貴是人之所欲也不以其道得之不處也

孔曰不以其道得富貴則仁者不處

貧與賤是人之所惡也不以其道得之不去也

時有否泰故君子履道而反貧賤此則不以其道得之雖是人之所惡不可違而去之

君子去仁惡乎成名

孔曰惡乎成名者不得成名爲君子

君子無終日之間違仁造次必於是顛沛必於是

馬曰造次急遽顛沛偃仆雖急遽偃仆不違仁

子曰我未見好仁者惡不仁者好仁者無以尚之

孔曰難復加也

惡不仁者其爲仁矣不使不仁者加乎其身

孔曰言惡不仁者能使不仁者不加非義於己不如好仁者無以尚之爲優

有能一日用其力於仁矣乎吾未見力不足者

孔曰言人無能一日用其力修仁者耳我未見欲爲仁而力不足者

蓋有之矣我未之見也

孔曰謙不欲盡誣時人言不能爲仁故云爲能有爾我未之見也

子曰人之過也各於其黨觀過斯知仁矣

孔曰黨黨類小人不能爲君子之行非小人之過當恕而勿責之觀過使賢愚各當其所則爲仁矣

子曰朝聞道夕死可矣

言將至死不聞世之有道

子曰士志於道而恥惡衣惡食者未足與議也
子曰君子之於天下也無適也無莫也義之與比
子曰君子懷德
孔曰懷安也
小人懷土
孔曰重遷
君子懷刑
孔曰安於法
小人懷惠
包曰惠恩惠
子曰放於利而行
孔曰放依也每事依利而行
多怨
孔曰取怨之道
子曰能以禮讓爲國乎何有
何有者言不難
不能以禮讓爲國如禮何
包曰如禮何者言不能用禮
子曰不患無位患所以立不患莫己知求爲可知也
包曰求善道而學行之則人知己

子曰參乎吾道一以貫之曾子曰唯
孔曰直曉不問故答曰唯
子出門人問曰何謂也曾子曰夫子之道忠恕而已矣
子曰君子喻於義小人喻於利
孔曰喻猶曉也
子曰見賢思齊焉
包曰思與賢者等
見不賢而內自省也
子曰事父母幾諫
包曰幾者微也當微諫納善言於父母
見志不從又敬不違勞而不怨
包曰見志見父母志有不從己諫之色則又當恭敬不敢違父母意而遂己之諫
子曰父母在不遠遊遊必有方
鄭曰方猶常也
子曰三年無改於父之道可謂孝矣
鄭曰孝子在喪哀慼思慕無所改於父之道非心所忍爲
子曰父母之年不可不知也一則以喜一則以懼
孔曰見其壽考則喜見其衰老則懼
子曰古者言之不出恥躬之不逮也

包曰古人之言不妄出口爲身行之將不及

子曰以約失之者鮮矣

孔曰俱不得中奢則驕佚招禍儉約無憂患

子曰君子欲訥於言而敏於行

包曰訥遲鈍也言欲遲而行欲疾

子曰德不孤必有鄰

方以類聚同志相求故必有鄰是以不孤

子遊曰事君數斯辱矣朋友數斯疏矣

數謂速數之數

論語卷四

論語卷五

魏尚書駙馬都尉關內侯南陽何　晏集解

明　後　學　東吳金　蟠較訂

公冶長第五

子謂公冶長可妻也雖在縲絏之中非其罪也以其子妻之

孔曰公冶長弟子魯人也姓公冶名長縲黑索絏攣也所以拘罪人

子謂南容邦有道不廢邦無道免於刑戮以其兄之子妻之

王曰南容弟子南宮縚魯人也字子容不廢言見用

子謂子賤

孔曰子賤魯人弟子宓不齊

君子哉若人魯無君子者斯焉取斯

包曰若人者若此人也如魯無君子子賤安得此行而學行之

子貢問曰賜也何如子曰女器也

孔曰言女器用之人

曰何器也曰瑚璉也

包曰瑚璉黍稷之器夏曰瑚殷曰璉周曰簠簋宗廟之器貴者

或曰雍也仁而不佞

馬曰雍弟子仲弓名姓冉

子曰焉用佞禦人以口給屢憎於人不知其仁焉用佞

孔曰屢數也佞人口辭捷給數為人所憎惡

子使漆雕開仕對曰吾斯之未能信

孔曰開弟子漆雕姓開名仕進之道未能信者未能究習

子說

鄭曰善其志道深

子曰道不行乘桴浮于海從我者其由與

馬曰桴編竹木大者曰栰小者曰桴

子路聞之喜

孔曰喜與己俱行

子曰由也好勇過我無所取材

鄭曰子路信夫子欲行故言好勇過我無所取材者無所取於桴材以子路不解微言故戲之耳一曰子路聞孔子欲浮海便喜不復顧望故孔子歎其勇曰過我無所取哉言唯取於己古字材哉同

孟武伯問子路仁乎子曰不知也

孔曰仁道至大不可全名也

又問子曰由也千乘之國可使治其賦也

孔曰賦兵賦

不知其仁也求也何如子曰求也千室之邑百乘之家可使為之宰也

孔曰千室之邑卿大夫之邑卿大夫稱家諸侯千乘大夫百乘宰家臣

不知其仁也赤也何如子曰赤也束帶立於朝可使與賓客言也

馬曰赤弟子公西華有容儀可使為行人

不知其仁也

子謂子貢曰女與回也孰愈

孔曰愈猶勝也

對曰賜也何敢望回回也聞一以知十賜也聞一以知二子曰弗如也吾與女弗如也

包曰既然子貢不如復云吾與女俱不如者蓋欲以慰子貢也

宰予晝寢

孔曰宰予弟子宰我

子曰朽木不可雕也

包曰朽腐也雕雕琢刻畫

糞土之牆不可杇也

王曰杇鏝也此二者以喻雖施功猶不成

於予與何誅

孔曰誅責也今我當何責於女乎深責之

子曰始吾於人也聽其言而信其行今吾於人也聽其言而觀其行於予與改是

孔曰改是聽言信行更察言觀行發於宰我之晝寢

子曰吾未見剛者或對曰申棖

包曰申棖魯人

子曰棖也慾焉得剛

孔曰慾多情慾

子貢曰我不欲人之加諸我也吾亦欲無加諸人

馬曰加陵也

子曰賜也非爾所及也

孔曰言不能止人使不加非義於己

子貢曰夫子之文章可得而聞也

章明也文彩形質著見可以耳目循

夫子之言性與天道不可得而聞也

性者人之所受以生也天道者元亨日新之道深微故不可得而聞也

子路有聞未之能行唯恐有聞

孔曰前所聞未及行故恐後有聞不得並行也

子貢問曰孔文子何以謂之文也

孔曰孔文子衛大夫孔圉文謚也

子曰敏而好學不恥下問是以謂之文也

孔曰敏者識之疾也下問謂凡在己下者

子謂子產有君子之道四焉其行己也恭其事上也

敬其養民也惠其使民也義

孔曰子產鄭大夫公孫僑

子曰晏平仲善與人交久而敬之

周曰齊大夫晏姓平謚名嬰

子曰臧文仲居蔡

包曰臧文仲魯大夫臧孫辰文謚也蔡國君之守龜出蔡地因以爲名焉長尺有二寸居蔡僭也

山節藻梲

包曰節者栭也刻鏤爲山梲者梁上楹畫爲藻文言其奢侈

何如其知也

孔曰非時人謂之爲知

子張問曰令尹子文

孔曰令尹子文楚大夫姓鬬名穀字於菟

三仕爲令尹無喜色三已之無慍色舊令尹之政必以告新令尹何如子曰忠矣曰仁矣乎曰未知焉得仁

但聞其忠事未知其仁也

崔子弑齊君陳文子有馬十乘棄而違之

孔曰皆齊大夫崔杼作亂陳文子惡之捐其四十匹馬違而去之

至於他邦則曰猶吾大夫崔子也違之之一邦則又曰猶吾大夫崔子也違之何如子曰清矣曰仁矣乎曰未知焉得仁

孔曰文子辟惡逆去無道求有道當春秋時臣陵其君皆如崔子無有可止者

季文子三思而後行子聞之曰再斯可矣

鄭曰季文子魯大夫季孫行父文謚也文子忠而有賢行其舉事寡過不必及三思

子曰甯武子

馬曰衛大夫甯俞武謚也

邦有道則知邦無道則愚其知可及也其愚不可及也

孔曰佯愚似實故曰不可及也

子在陳曰歸與歸與吾黨之小子狂簡斐然成章不知所以裁之

孔曰簡大也孔子在陳思歸欲去故曰吾黨之小子狂簡者進取於大道妄作穿鑿以成文章不知所以裁制我當歸以裁之耳遂歸

子曰伯夷叔齊不念舊惡怨是用希

孔曰伯夷叔齊孤竹君之二子孤竹國名

子曰孰謂微生高直

孔曰微生姓名高魯人也

或乞醯焉乞諸其鄰而與之

孔曰乞之四鄰以應求者用意委曲非爲直人

子曰巧言令色足恭

孔曰足恭辨僻貌

左丘明恥之丘亦恥之

孔曰左丘明魯太史

匿怨而友其人

孔曰心內相怨而外詐親

左丘明恥之丘亦恥之

顏淵季路侍子曰盍各言爾志子路曰願車馬衣輕裘與朋友共敝之而無憾

孔曰憾恨也

顏淵曰願無伐善

孔曰不自稱己之善

無施勞

孔曰不以勞事置施於人

子路曰願聞子之志子曰老者安之朋友信之少者懷之

孔曰懷歸也

子曰已矣乎吾未見能見其過而內自訟者也

包曰訟猶責也言人有過莫能自責

子曰十室之邑必有忠信如丘者焉不如丘之好學也

論語卷五

論語卷六

魏尚書駙馬都尉關內侯南陽何　晏集解

明　後　學　東吳金　蟠較訂

雍也第六

子曰雍也可使南面仲弓問子桑伯子子曰可也簡

包曰可使南面者言任諸侯治王曰伯子書傳無見焉孔曰以其能簡故曰可也

仲弓曰居敬而行簡以臨其民不亦可乎

孔曰居身敬肅臨下寬略則可

居簡而行簡無乃太簡乎

包曰伯子之簡太簡

子曰雍之言然

哀公問弟子孰爲好學孔子對曰有顏回者好學不遷怒不貳過不幸短命死矣今也則亡未聞好學者也

凡人任情喜怒違理顏回任道怒不過分遷者移也怒當其理不移易也不貳過者有不善未嘗復行

子華使於齊冉子爲其母請粟子曰與之釜

馬曰子華弟子公西華赤之字六斗四升曰釜

請益曰與之庾

包曰十六斗曰庾

冉子與之粟五秉

馬曰十六斛曰秉五秉合爲八十斛

子曰赤之適齊也乘肥馬衣輕裘吾聞之也君子周急不繼富

鄭曰非冉有與之太多

原思爲之宰與之粟九百辭

包曰弟子原憲思字也孔子爲魯司寇以原憲爲家邑宰孔曰九百九百斗辭辭讓不受

子曰毋以與爾鄰里鄉黨乎

孔曰祿法所得當受無讓鄭曰五家爲鄰五鄰爲里萬二千五百家爲鄉五百家爲黨

子謂仲弓曰犂牛之子騂且角雖欲勿用山川其舍諸

犂雜文騂赤也角者角周正中犧牲雖欲以其所生犂而不用山川寧肯舍之乎言父雖不善不害於子之美

子曰回也其心三月不違仁其餘則日月至焉而已矣

餘人暫有至仁時唯回移時而不變

季康子問仲由可使從政也與子曰由也果於從政乎何有

包曰果謂果敢決斷

曰賜也可使從政也與曰賜也達於從政乎何有

孔曰：達謂通於物理。

曰：求也可使從政也與？曰：求也藝，於從政乎何有？

孔曰：藝謂多才藝。

季氏使閔子騫爲費宰。

孔曰：費，季氏邑。季氏不臣，而其邑宰數畔，聞子騫賢，故欲用之。

閔子騫曰：善爲我辭焉。

孔曰：不欲爲季氏宰，託使者善爲我辭焉，說令不復召我。

如有復我者，

孔曰：復我者，重來召我。

則吾必在汶上矣。

孔曰：去之汶水上，欲北如齊。

伯牛有疾，

馬曰：伯牛，弟子冉耕。

子問之，自牖執其手，

包曰：牛有惡疾，不欲見人，故孔子從牖執其手也。

曰：亡之，

孔曰：亡，喪也。疾甚，故持其手曰喪之。

命矣夫！斯人也而有斯疾也！斯人也而有斯疾也！

包曰：再言之者，痛惜之甚。

子曰：賢哉回也！一簞食，一瓢飲，

孔曰：簞，笥也。

在陋巷，人不堪其憂，回也不改其樂。賢哉回也！

孔曰：顏淵樂道，雖簞食在陋巷，不改其所樂。

冉求曰：非不說子之道，力不足也。子曰：力不足者，中道而廢，今女畫。

孔曰：畫，止也。力不足者當中道而廢，今女自止耳，非力極。

子謂子夏曰：女爲君子儒，無爲小人儒。

孔曰：君子爲儒，將以明道；小人爲儒，則矜其名。

子游爲武城宰，

包曰：武城，魯下邑。

子曰：女得人焉耳乎？

孔曰：焉耳乎，皆辭。

曰：有澹臺滅明者，行不由徑，非公事，未嘗至於偃之室也。

包曰：澹臺，姓；滅明，名；字子羽。言其公且方。

子曰：孟之反不伐，

孔曰：魯大夫孟之側，與齊戰，軍大敗。不伐者，不自伐其功。

奔而殿，將入門，策其馬，曰：非敢後也，馬不進也。

馬曰：殿在軍後。前曰啓，後曰殿。孟之反賢而有勇，軍大奔，獨在後爲殿。人迎功之，不欲獨有其名，曰：我非敢在後拒敵，馬不能前進。

子曰不有祝鮀之佞而有宋朝之美難乎免於今之世矣

孔曰佞口才也祝鮀衛大夫子魚也時世貴之宋朝宋之美人而善淫言當如祝鮀之佞而反如宋朝之美難乎免於今之世害也

子曰誰能出不由戶何莫由斯道也

孔曰言人立身成功當由道譬由出入要當從戶

子曰質勝文則野

包曰野如野人言鄙略也

文勝質則史

包曰史者文多而質少

文質彬彬然後君子

包曰彬彬文質相半之貌

子曰人之生也直

馬曰言人所生於世而自終者以其正直也

罔之生也幸而免

包曰誣罔正直之道而亦生者是幸而免

子曰知之者不如好之者好之者不如樂之者

包曰學問知之者不如好之者篤好之者不如樂之者深

子曰中人以上可以語上也中人以下不可以語上也

王曰上謂上知之所知也兩舉中人以其可上可下

樊遲問知子曰務民之義

王曰務所以化道民之義

敬鬼神而遠之可謂知矣

包曰敬鬼神而不黷

問仁曰仁者先難而後獲可謂仁矣

孔曰先勞苦而後得功此所以爲仁

子曰知者樂水

包曰知者樂運其才知以治世如水流而不知已

仁者樂山

仁者樂如山之安固自然不動而萬物生焉

知者動

包曰日進故動

仁者靜

孔曰無欲故靜

知者樂

鄭曰知者自役得其志故樂

仁者壽

包曰性靜者多壽考

子曰齊一變至於魯魯一變至於道

包曰言齊魯有太公周公之餘化太公大賢周公聖人今其政教雖衰若有明君興之齊可使如魯魯可使如大道行之時

子曰觚不觚

馬曰觚禮器一升曰爵二升曰觚

觚哉觚哉

觚哉觚哉言非觚也以喻為政不得其道則不成

宰我問曰仁者雖告之曰井有仁焉其從之也

孔曰宰我以仁者必濟人於患難故問有仁人墮井將自投下從而出之不乎欲極觀仁者憂樂之所至

子曰何為其然也君子可逝也不可陷也

孔曰逝往也言君子可使往視之耳不肯自投從之

可欺也不可罔也

馬曰可欺者可使往也不可罔者不可得誣罔令自投下

子曰君子博學於文約之以禮亦可以弗畔矣夫

鄭曰弗畔不違道

子見南子子路不說夫子矢之曰予所否者天厭之天厭之

孔曰舊以南子者衛靈公夫人淫亂而靈公惑之孔子見之者欲因以說靈公使行治道矢誓也子路不說故夫子誓之行道既非婦人之事而弟子不說與之咒誓義可疑焉

子曰中庸之為德也其至矣乎民鮮久矣

庸常也中和可常行之德世亂先王之道廢民鮮能行此道久矣非適今

子貢曰如有博施於民而能濟衆何如可謂仁乎子曰何事於仁必也聖乎堯舜其猶病諸

孔曰君能廣施恩惠濟民於患難堯舜至聖猶病其難

夫仁者己欲立而立人己欲達而達人能近取譬可謂仁之方也已

孔曰更為子貢說仁者之行方道也但能近取譬於己皆恕己所欲而施之於人

論語卷六

論語卷七

魏尚書駙馬都尉關內侯南陽何晏集解

明　後學　東吳葛鼒較訂

述而第七

子曰述而不作信而好古竊比於我老彭包曰老彭殷賢大夫好述古事我若老彭但述之耳

子曰默而識之學而不厭誨人不倦何有於我哉鄭曰無是行於我我獨有之

子曰德之不修學之不講聞義不能徙不善不能改是吾憂也孔曰夫子常以此四者爲憂

子之燕居申申如也夭夭如也馬曰申申夭夭和舒之貌

子曰甚矣吾衰也久矣吾不復夢見周公孔曰孔子衰老不復夢見周公明盛時夢見周公欲行其道也

子曰志於道志慕也道不可體故志之而已

據於德據杖也德有成形故可據

依於仁依倚也仁者功施於人故可倚

游於藝藝六藝也不足據依故曰游

子曰自行束修以上吾未嘗無誨焉孔曰言人能奉禮自行束修以上則皆教誨之

子曰不憤不啓不悱不發舉一隅不以三隅反則不復也鄭曰孔子與人言必待其人心憤憤口悱悱乃後啓發爲說之如此則識思之深也說則舉一隅以語之其人不思其類則不復重教之

子食於有喪者之側未嘗飽也喪者哀慼飽食於其側是無惻隱之心

子於是日哭則不歌一日之中或哭或歌是褻於禮容

子謂顏淵曰用之則行舍之則藏惟我與爾有是夫孔曰言可行則行可止則止唯我與顏淵同

子路曰子行三軍則誰與孔曰大國三軍子路見孔子獨美顏淵以爲己勇至於夫子爲三軍將亦當誰與己同故發此問

子曰暴虎馮河死而無悔者吾不與也孔曰暴虎徒搏馮河徒涉必也臨事而懼好謀而成者也

子曰富而可求也雖執鞭之士吾亦爲之

鄭曰富貴不可求而得之當修德以得之若於道可求者雖執鞭之賤職我亦爲之

如不可求從吾所好

孔曰所好者古人之道

子之所慎齊戰疾

孔曰此三者人所不能慎而夫子獨能慎之

子在齊聞韶三月不知肉味

周曰孔子在齊聞習韶樂之盛美故忽忘於肉味

曰不圖爲樂之至於斯也

王曰爲作也不圖作韶樂至於此此齊

冉有曰夫子爲衞君乎

鄭曰爲猶助也衞君者謂輒也衞靈公逐太子蒯聵公薨而立孫輒後晉趙鞅納蒯聵於戚城衞石曼姑帥師圍之故問其意助輒不乎

子貢曰諾吾將問之入曰伯夷叔齊何人也曰古之賢人也曰怨乎曰求仁而得仁又何怨

孔曰夷齊讓國遠去終於餓死故問怨邪以讓爲仁豈有怨乎

出曰夫子不爲也

鄭曰父子爭國惡行孔子以伯夷叔齊爲賢且仁故知不助衞君明矣

子曰飯疏食飲水曲肱而枕之樂亦在其中矣

孔曰疏食菜食肱臂也孔子以此爲樂

不義而富且貴於我如浮雲

鄭曰富貴而不以義者於我如浮雲非己之有

子曰加我數年五十以學易可以無大過矣

易窮理盡性以至於命年五十而知天命以知命之年讀至命之書故可以無大過

子所雅言

孔曰雅言正言也

詩書執禮皆雅言也

鄭曰讀先王典法必正言其音然後義全故不可有所諱禮不誦故言執

葉公問孔子於子路子路不對

孔曰葉公名諸梁楚大夫食采於葉僭稱公不對者未知所以答

子曰女奚不曰其爲人也發憤忘食樂以忘憂不知老之將至云爾

子曰我非生而知之者好古敏以求之者也

鄭曰言此者勸人學

子不語怪力亂神

王曰怪怪異也力謂若奡盪舟烏獲舉千鈞之屬亂謂臣弒君子弒父神謂鬼神之事或無益於教化或所不忍言

子曰三人行必有我師焉擇其善者而從之其不善者而改之

言我三人行本無賢愚擇善從之不善改之故無常師

子曰天生德於予桓魋其如予何

包曰桓魋宋司馬天生德者謂授我以聖性德合天地吉無不利故曰其如予何

子曰二三子以我爲隱乎吾無隱乎爾

包曰二三子謂諸弟子聖人知廣道深弟子學之不能及以爲有所隱匿故解之

吾無行而不與二三子者是丘也

包曰我所爲無不與爾共之者是丘之心

子以四教文行忠信

四者有形質可舉以教

子曰聖人吾不得而見之矣得見君子者斯可矣

疾世無明君

子曰善人吾不得而見之矣得見有恒者斯可矣亡而爲有虛而爲盈約而爲泰難乎有恒矣

孔曰難可名之爲有常

子釣而不綱弋不射宿

孔曰釣者一竿釣綱者爲大綱以橫絕流以繳繫釣羅屬著綱弋繳射也宿宿鳥

子曰蓋有不知而作之者我無是也

包曰時人有穿鑿妄作篇籍者故云然

多聞擇其善者而從之多見而識之知之次也

孔曰如此者次於天生知之

互鄉難與言童子見門人惑

鄭曰互鄉鄉名也其鄉人言語自專不達時宜而有童子來見孔子門人怪孔子見之

子曰與其進也不與其退也唯何甚

孔曰教誨之道與其進不與其退怪我見此童子惡惡一何甚

人潔己以進與其潔也不保其往也

鄭曰往猶去也人虛己自潔而來當與之進亦何能保其去後之行

子曰仁遠乎哉我欲仁斯仁至矣

包曰仁道不遠行之即是

陳司敗問昭公知禮乎

孔曰司敗官名陳大夫昭公魯昭公

孔子曰知禮孔子退揖巫馬期而進之曰吾聞君子不黨君子亦黨乎君取於吳爲同姓謂之吳孟子君而知禮孰不知禮

孔曰巫馬期弟子名施相助匿非曰黨魯吳俱姬姓禮同姓不昏而君取之當稱吳姬諱曰孟子

巫馬期以告子曰丘也幸苟有過人必知之

孔曰以司敗之言告也諱國惡禮也聖人道弘故受以爲過

子與人歌而善必使反之而後和之

樂其善故使重歌而自和之

子曰文莫吾猶人也

莫無也文無者猶俗言文不也文不吾猶人者凡言文皆不勝於人

躬行君子則吾未之有得

孔曰：身爲君子，己未能也。

子曰：若聖與仁，則吾豈敢。

孔曰：孔子謙，不敢自名仁聖。

抑爲之不厭，誨人不倦，則可謂云爾已矣。公西華曰：正唯弟子不能學也。

馬曰：正如所言，弟子猶不能學，况仁聖乎。

子疾病，子路請禱。

包曰：禱，請於鬼神。

子曰：有諸。

周曰：言有此禱請於鬼神之事。

子路對曰：有之。誄曰：禱爾于上下神祇。

孔曰：子路失指。誄，禱篇名。

子曰：丘之禱久矣。

孔曰：孔子素行合於神明，故曰丘之禱久矣。

子曰：奢則不孫，儉則固。與其不孫也，寧固。

孔曰：俱失之。奢不如儉，奢則僭上，儉不及禮。固，陋也。

子曰：君子坦蕩蕩，小人長戚戚。

鄭曰：坦蕩蕩，寬廣貌。長戚戚，多憂懼。

子温而厲，威而不猛，恭而安。

論語卷七

論語卷八

魏尚書駙馬都尉關內侯南陽何晏集解

明後學東吴金蟠較訂

泰伯第八

子曰泰伯其可謂至德也已矣三以天下讓民無得而稱焉

王曰泰伯周太王之長子次弟仲雍少弟季歷季歷賢又生聖子文王昌昌必有天下故泰伯以天下三讓於王季其讓隱故無得而稱言之者所以為至德也

子曰恭而無禮則勞慎而無禮則葸

葸畏懼之貌言慎而不以禮節之則常畏懼

勇而無禮則亂直而無禮則絞

馬曰絞絞刺也

君子篤於親則民興於仁故舊不遺則民不偷

包曰興起也君能厚於親屬不遺忘其故舊行之美者則民皆化之起為仁厚之行不偷薄

曾子有疾召門弟子曰啓予足啓予手

鄭曰啓開也曾子以為受身體於父母不敢毀傷故使弟子開衾而視之也

詩云戰戰兢兢如臨深淵如履薄冰

孔曰言此詩者喻己常戒慎恐有所毀傷

而今而後吾知免夫小子

周曰乃今日後我自知免於患難矣小子弟子也呼之者欲使聽識其言

曾子有疾孟敬子問之

馬曰孟敬子魯大夫仲孫捷

曾子言曰鳥之將死其鳴也哀人之將死其言也善

包曰欲戒敬子言我將死言善可用

君子所貴乎道者三動容貌斯遠暴慢矣正顔色斯近信矣出辭氣斯遠鄙倍矣

鄭曰此道謂禮也動容貌能濟濟蹌蹌則人不敢暴慢之正顔色能矜莊嚴栗則人不敢欺詐之出詞氣能順而說之則無惡戾之言入於耳

籩豆之事則有司存

包曰敬子忽大務小故又戒之以此籩豆禮器

曾子曰以能問於不能以多問於寡有若無實若虛犯而不校

包曰校報也言見侵犯不報

昔者吾友嘗從事於斯矣

馬曰友謂顔淵

曾子曰可以託六尺之孤

孔曰六尺之孤幼少之君

可以寄百里之命

孔曰攝君之政令

臨大節而不可奪也。大節，安國家，定社稷。奪，不可傾奪。

君子人與？君子人也。

曾子曰：士不可以不弘毅，任重而道遠。包曰：弘，大也。毅，強而能斷也。士弘毅，然後能負重任，致遠路。

仁以爲己任，不亦重乎？死而後已，不亦遠乎？孔曰：以仁爲己任，重莫重焉。死而後已，遠莫遠焉。

子曰：興於詩，包曰：興，起也。言脩身當先學詩。

立於禮，包曰：禮者，所以立身。

成於樂。包曰：樂所以成性。

子曰：民可使由之，不可使知之。由，用也。可使用而不可使知者，百姓能日用而不能知。

子曰：好勇疾貧，亂也。包曰：好勇之人而患疾己貧賤者，必將爲亂。

人而不仁，疾之已甚，亂也。包曰：疾惡太甚，亦使其爲亂。

子曰：如有周公之才之美，使驕且吝，其餘不足觀也已。孔曰：周公者，周公旦。

子曰：三年學，不至於穀，不易得也。孔曰：穀，善也。言人三歲學不至於善，不可得，言必無也，所以勸人學。

子曰：篤信好學，守死善道。危邦不入，亂邦不居。天下有道則見，無道則隱。邦有道，貧且賤焉，恥也。邦無道，富且貴焉，恥也。包曰：言行當常然。危邦不入，始欲往；亂邦不居，今欲去。亂謂臣弑君，子弑父。危者，將亂之兆。

子曰：不在其位，不謀其政。孔曰：欲各專一於其職。

子曰：師摯之始，關雎之亂，洋洋乎盈耳哉。鄭曰：師摯，魯太師之名。始，猶首也。周道衰微，鄭衛之音作，正樂廢而失節。魯太師摯識關雎之聲而首理其亂者，洋洋盈耳，聽而美之。

子曰：狂而不直，孔曰：狂者進取，宜直。

侗而不愿，孔曰：侗，未成器之人，宜謹愿。

悾悾而不信，包曰：悾悾，愨也，宜可信。

吾不知之矣。

孔曰言皆與常度反我不知之

子曰學如不及猶恐失之

學自外入至熟乃可長久如不及猶恐失之

子曰巍巍乎舜禹之有天下也而不與焉

美舜禹也言己不與求天下而得之巍巍高大之稱

子曰大哉堯之爲君也巍巍乎唯天爲大唯堯則之

孔曰則法也美堯能法天而行化

蕩蕩乎民無能名焉

包曰蕩蕩廣遠之稱言其布德廣遠民無能識其名焉

巍巍乎其有成功也

功成化隆高大巍巍

煥乎其有文章

煥明也其立文垂制又著明

舜有臣五人而天下治

孔曰禹稷契皐陶伯益

武王曰予有亂臣十人

馬曰亂治也治官者十人謂周公旦召公奭太公望畢公榮公太顛閎夭散宜生南宮适其一人謂文母

孔子曰才難不其然乎唐虞之際於斯爲盛有婦人焉九人而已

孔曰唐者堯號虞者舜號際者堯舜交會之間斯此也言堯舜交會之間比於周周最盛多賢才然尚有一婦人其餘九人而已人才難得豈不然乎

三分天下有其二以服事殷周之德其可謂至德也已矣

包曰殷紂淫亂文王爲西伯而有聖德天下歸周者三分有二而猶以服事殷故謂之至德

子曰禹吾無間然矣

孔曰孔子推禹功德之盛美言己不能復間廁其間

菲飲食而致孝乎鬼神

馬曰菲薄也致孝鬼神祭祀豐絜

惡衣服而致美乎黻冕

孔曰損其常服以盛祭服

卑宮室而盡力乎溝洫

包曰方里爲井井間有溝溝廣深四尺十里爲成成間有洫洫廣深八尺

禹吾無間然矣

論語卷八

論語卷九

魏尚書駙馬都尉關內侯南陽何　晏集解

明　後　學　東吳葛　鼒較訂

子罕第九

子罕言利與命與仁。罕者希也利者義之和也命者天之命也仁者行之盛也寡能及之故希言也

達巷黨人曰。大哉孔子。博學而無所成名。鄭曰達巷者黨名也五百家爲黨此黨之人美孔子博學道藝不成一名而已

子聞之。謂門弟子曰。吾何執。執御乎。執射乎。吾執御矣。鄭曰聞人美之承之以謙吾執御欲名六藝之卑也

子曰。麻冕禮也。今也純。儉。吾從衆。孔曰冕緇布冠也古者績麻三十升布以爲之純絲也絲易成故從儉

拜下禮也。今拜乎上。泰也。雖違衆。吾從下。王曰臣之與君行禮者下拜然後成禮時臣驕泰故於上拜今從下禮之恭也

子絕四。毋意。以道爲度故不任意

毋必。用之則行舍之則藏故無專必

毋固。無可無不可故無固行

毋我。述古而不自作處羣萃而不自異唯道是從故不有其身

子畏於匡。包曰匡人誤圍夫子以爲陽虎陽虎曾暴於匡夫子弟子顏剋時又與虎俱行後剋爲夫子御至於匡匡人相與共識剋又夫子容貌與虎相似故匡人以兵圍之

曰。文王既沒。文不在茲乎。孔曰茲此也言文王雖已死其文見在此此自謂其身

天之將喪斯文也。後死者不得與於斯文也。孔曰文王既沒故孔子自謂後死言天將喪此文者本不當使我知之今使我知之未欲喪也

天之未喪斯文也。匡人其如予何。馬曰其如予何者猶言奈我何也天之未喪此文則我當傳之匡人欲奈我何言其不能違天以害己也

大宰問於子貢曰。夫子聖者與。何其多能也。孔曰大宰大夫官名或吳或宋未可分也疑孔子多能於小藝

子貢曰。固天縱之將聖。又多能也。孔曰言天固縱大聖之德又使多能也

子聞之曰。大宰知我乎。吾少也賤。故多能鄙事。君子多乎哉。不多也。包曰我少小貧賤常自執事故多能爲鄙人之事君子固不當多能

牢曰子云吾不試故藝

鄭曰牢弟子子牢也試用也言孔子自云我不見用故多技藝

子曰吾有知乎哉無知也

知者知意之知也知者言未必盡今我誠盡

有鄙夫問於我空空如也我叩其兩端而竭焉

孔曰有鄙夫來問於我其意空空然我則發事之終始兩端以語之竭盡所知不爲有愛

子曰鳳鳥不至河不出圖吾已矣夫

孔曰聖人受命則鳳鳥至河出圖今天無此瑞吾已矣夫者傷不得見也河圖八卦是也

子見齊衰者冕衣裳者與瞽者

包曰冕者冠也大夫之服瞽盲也

見之雖少必作過之必趨

包曰作起也趨疾行也此夫子哀有喪尊在位恤不成人

顏淵喟然歎曰

喟歎聲

仰之彌高鑽之彌堅

言不窮盡

瞻之在前忽然在後

言恍惚不可爲形象

夫子循循然善誘人

循循次序貌誘進也言夫子正以此道進勸人有所序

博我以文約我以禮欲罷不能既竭吾才如有所立卓爾雖欲從之末由也已

孔曰言夫子既以文章開博我又以禮節節約我使我欲罷而不能已竭我才矣其有所立則又卓然不可及言己雖蒙夫子之善誘猶不能及夫子之所立

子疾病

包曰疾甚曰病

子路使門人爲臣

鄭曰孔子嘗爲大夫故子路欲使弟子行其臣之禮

病閒曰久矣哉由之行詐也無臣而爲有臣吾誰欺欺天乎

孔曰少差曰閒言子路久有是心非今日也

且予與其死於臣之手也無寧死於二三子之手乎

馬曰無寧寧也二三子門人也就使我有臣而死其手我寧死於弟子之手乎

且予縱不得大葬

孔曰君臣禮葬

予死於道路乎

馬曰就使我不得以君臣禮葬有二三子在我寧當憂棄於道路乎

子貢曰有美玉於斯韞匵而藏諸求善賈而沽諸

馬曰韞藏也匵匱也謂藏諸匵中沽賣也得善賈寧肯賣之邪

子曰沽之哉沽之哉我待賈者也
包曰沽之哉不衒賣之辭我居而待賈
子欲居九夷
馬曰九夷東方之夷有九種
或曰陋如之何子曰君子居之何陋之有
馬曰君子所居則化
子曰吾自衛反魯然後樂正雅頌各得其所
鄭曰反魯哀公十一年冬是時道衰樂廢孔子來還乃正之故雅頌各得其所
子曰出則事公卿入則事父兄喪事不敢不勉不爲酒困何有於我哉
馬曰困亂也
子在川上曰逝者如斯夫不舍晝夜
包曰逝往也言凡往也者如川之流
子曰吾未見好德如好色者也
疾時人薄於德而厚於色故發此言
子曰譬如爲山未成一簣止吾止也
包曰簣土籠也此勸人進於道德爲山者其功雖已多未成一籠而中道止者我不以其前功多而善之見其志不遂故不與也
譬如平地雖覆一簣進吾往也
馬曰平地者將進加功雖始覆一簣我不以其功少而薄之據其欲進而與之

子曰語之而不惰者其回也與
顏淵解故語之而不惰餘人不解故有惰語之時
子謂顏淵曰惜乎吾見其進也未見其止也
包曰孔子謂顏淵進益未止痛惜之甚
子曰苗而不秀者有矣夫秀而不實者有矣夫
孔曰言萬物有生而不育成者喻人亦然
子曰後生可畏焉知來者之不如今也
後生謂年少
四十五十而無聞焉斯亦不足畏也已
子曰法語之言能無從乎改之爲貴
孔曰人有過以正道告之口無不順從之能必自改之乃爲貴
巽與之言能無說乎繹之爲貴
馬曰巽恭也謂恭孫謹敬之言聞之無不說者能尋繹行之乃爲貴
說而不繹從而不改吾末如之何也已矣
子曰主忠信毋友不如己者過則勿憚改
慎所主友有過務改皆所以爲益
子曰三軍可奪帥也匹夫不可奪志也
孔曰三軍雖衆人心不一則其將帥可奪而取之匹夫雖微苟守其志不可得而奪也
子曰衣敝縕袍與衣狐貉者立而不恥者其由也與
孔曰縕枲著

不忮不求何用不臧。馬曰：忮，害也。臧，善也。言不忮害，不貪求，何用爲不善。疾貪惡忮害之詩。

子路終身誦之。子曰：是道也，何足以臧。馬曰：臧，善也。尚復有美於是者，何足以爲善。

子曰：歲寒，然後知松柏之後彫也。大寒之歲，衆木皆死，然後知松柏小彫傷。平歲則衆木亦有不死者，故須歲寒而後別之。喻凡人處治世亦能自修整，與君子同，在濁世然後知君子之正不苟容。

子曰：知者不惑，包曰：不惑亂。仁者不憂，孔曰：無憂患。勇者不懼。

子曰：可與共學，未可與適道。適，之也。雖學或得異端，未必能之道。可與適道，未可與立。雖能之道，未必能有所立。可與立，未可與權。雖能有所立，未必能權量其輕重之極。

唐棣之華，偏其反而。豈不爾思，室是遠而。逸詩也。唐棣，移也。華反而後合。賦此詩者，以言權道反而後至於大順。思其人而不自見者，其室遠也。以言思權而不得見者，其道遠也。

子曰：未之思也，夫何遠之有。夫思者，當思其反。反是不思，所以爲遠。能思其反，何遠之有。言權可知，唯不知思耳。思之有次序，斯可知矣。

論語卷九

論語卷十

魏尚書駙馬都尉關內侯南陽何　晏集解

明　後　學　東吳葛　鼒較訂

鄉黨第十

孔子於鄉黨恂恂如也似不能言者

王曰恂恂温恭之貌

其在宗廟朝廷便便言唯謹爾

鄭曰便便辯也雖辯而敬謹

朝與下大夫言侃侃如也

孔曰侃侃和樂之貌

與上大夫言誾誾如也

孔曰誾誾中正之貌

君在踧踖如也與與如也

馬曰君在視朝也踧踖恭敬之貌與與威儀中適之貌

君召使擯

鄭曰君召使擯者有賓客使迎之

色勃如也

孔曰必變色

足躩如也

包曰足躩盤辟貌

揖所與立左右手衣前後襜如也

鄭曰揖左人左其手揖右人右其手一俛一仰衣前後襜如也

趨進翼如也

孔曰言端好

賓退必復命曰賓不顧矣

鄭曰復命白君賓已去矣

入公門鞠躬如也如不容

孔曰斂身

立不中門行不履閾

孔曰閾門限

過位色勃如也足躩如也

包曰過君之空位

其言似不足者攝齊升堂鞠躬如也屏氣似不息者

孔曰皆重慎也衣下曰齊攝齊者摳衣也

出降一等逞顏色怡怡如也

孔曰先屏氣下階舒氣故怡怡如也

沒階趨進翼如也

孔曰沒盡也下盡階

復其位踧踖如也

孔曰來時所過位

執圭鞠躬如也如不勝

包曰為君使聘問鄰國執持君之圭鞠躬者敬慎之至

上如揖下如授勃如戰色足蹜蹜如有循

鄭曰上如揖授玉宜敬下如授不敢忘禮戰色敬也足蹜蹜如有循舉前曳踵行

享禮有容色

鄭曰享獻也聘禮既聘而享享用圭璧有庭實

私覿愉愉如也

鄭曰覿見也既享乃以私禮見愉愉顏色和

君子不以紺緅飾

孔曰一入曰緅飾者不以為領袖緣也紺者齊服盛色以為飾衣似衣齊服緅者三年練以緅飾衣為其似衣喪服故皆不以為飾衣

紅紫不以為褻服

王曰褻服私居服非公會之服皆不正褻尚不衣正服無所施

當暑袗絺綌必表而出之

孔曰暑則單服絺綌葛也必表而出之加上衣

緇衣羔裘素衣麑裘黃衣狐裘褻裘長短右袂

孔曰服皆中外之色相稱也私家裘長主溫短右袂便作事

必有寢衣長一身有半

孔曰今之被也

狐貉之厚以居

鄭曰在家以接賓客

去喪無所不佩

孔曰去除也非喪則備佩所宜佩也

非帷裳必殺之

王曰衣必有殺縫唯帷裳無殺也

羔裘玄冠不以弔

孔曰喪主素吉主玄吉凶異服

吉月必朝服而朝

孔曰吉月月朔也朝服皮弁服

齊必有明衣布

孔曰以布為沐浴衣

齊必變食

孔曰改常饌

居必遷坐

孔曰易常處

食不厭精膾不厭細食饐而餲

孔曰饐餲臭味變

魚餒而肉敗不食

魚敗曰餒

色惡不食臭惡不食失飪不食

孔曰失飪失生熟之節

不時不食

鄭曰不時非朝夕日中時

割不正不食不得其醬不食

馬曰魚膾非芥醬不食

肉雖多不使勝食氣唯酒無量不及亂沽酒市脯

不食不撤薑食

孔曰撤去也齊禁薰物薑辛而不臭故不去

不多食

孔曰不過飽

祭於公不宿肉

周曰助祭於君所得牲體歸則頒賜不留神惠

祭肉不出三日出三日不食之矣

鄭曰自其家祭肉過三日不食是褻鬼神之餘

食不語寢不言雖疏食菜羹瓜祭必齊如也

孔曰齊嚴敬貌三物雖薄祭之必敬

席不正不坐鄉人飲酒杖者出斯出矣

孔曰杖者老人也鄉人飲酒之禮主於老者老者禮畢出孔子從而後出

鄉人儺朝服而立於阼階

孔曰儺驅逐疫鬼恐驚先祖故朝服而立於廟之阼階

問人於他邦再拜而送之

孔曰拜送使者敬也

康子饋藥拜而受之

包曰饋孔子藥

曰丘未達不敢嘗

孔曰未知其故故不敢嘗禮也

廄焚子退朝曰傷人乎不問馬

鄭曰重人賤畜退朝自君之朝來歸

君賜食必正席先嘗之

孔曰敬君惠也既嘗之乃以頒賜

君賜腥必熟而薦之

孔曰薦薦其先祖

君賜生必畜之侍食於君君祭先飯

鄭曰於君祭則先飯矣若為君嘗食然

疾君視之東首加朝服拖紳

包曰夫子疾處南牖之下東首加其朝服拖紳紳大帶不敢不衣朝服見君

君命召不俟駕行矣

鄭曰急趨君命行出而車駕隨之

入太廟每事問

朋友死無所歸。曰於我殯。

孔曰重朋友之恩無所歸言無親昵

朋友之饋雖車馬非祭肉不拜。

孔曰不拜者有通財之義

寢不尸。

包曰偃臥四體布展手足似死人

居不容

孔曰爲室家之敬難久

見齊衰者雖狎必變。

孔曰狎者素親狎

見冕者與瞽者雖褻必以貌。

周曰褻謂數相見必當以禮貌之

凶服者式之式負版者。

孔曰凶服送死之衣物負版者持邦國之圖籍

有盛饌必變色而作。

孔曰作起也敬主人之親饋

迅雷風烈必變。

鄭曰敬天之怒風疾雷爲烈

升車必正立執綏。

周曰必正立執綏所以爲安

車中不內顧。

包曰車中不內顧者前視不過衡軛傍視不過輢轂

不疾言不親指。

色斯舉矣。

馬曰見顔色不善則去之

翔而後集。

周曰迴翔審觀而後下止

曰山梁雌雉時哉時哉子路共之三嗅而作。

言山梁雌雉得其時而人不得其時故歎之子路以其時物故共具之非本意不苟食故三嗅而作

作起也

論語卷十

論語卷十一

魏尚書駙馬都尉關內侯南陽何　晏集解

明　後　學　東吳金　蟠較訂

先進第十一

子曰先進於禮樂野人也後進於禮樂君子也

孔曰先進後進謂仕先後輩也禮樂因世損益後進與禮樂俱得時之中斯君子矣先進有古風斯野人也

如用之則吾從先進

將移風易俗歸之淳素先進猶近古風故從之

子曰從我於陳蔡者皆不及門也

鄭曰言弟子從我而厄於陳蔡者皆不及仕進之門而失其所

德行顔淵閔子騫冉伯牛仲弓言語宰我子貢政事冉有季路文學子游子夏

子曰回也非助我者也於吾言無所不說

孔曰助益也言回聞言即解無發起增益於己

子曰孝哉閔子騫人不間於其父母昆弟之言

陳曰言子騫上事父母下順兄弟動靜盡善故人不得有非間之言

南容三復白圭

孔曰詩云白圭之玷尚可磨也斯言之玷不可爲也南容讀書至此三反覆之是其心慎言也

孔子以其兄之子妻之

季康子問弟子孰爲好學孔子對曰有顔回者好學不幸短命死矣今也則亡

顔淵死顔路請子之車以爲之椁

孔曰路淵父也家貧欲請孔子之車賣以作椁

子曰才不才亦各言其子也鯉也死有棺而無椁吾不徒行以爲之椁以吾從大夫之後不可徒行也

孔曰鯉孔子之子伯魚也孔子時爲大夫言從大夫之後不可以徒行謙辭也

顔淵死子曰噫

包曰噫痛傷之聲

天喪予天喪予

天喪予者若喪己也再言之者痛惜之甚

顔淵死子哭之慟

馬曰慟哀過也

從者曰子慟矣曰有慟乎

孔曰不自知己之悲哀過

非夫人之爲慟而誰爲

顔淵死門人欲厚葬之子曰不可

禮貧富有宜顔淵貧而門人欲厚葬之故不聽

門人厚葬之子曰回也視予猶父也予不得視猶

子也非我也夫二三子也

馬曰顔回自有父父意欲聽門人厚葬我不得割止非其厚葬故云耳

季路問事鬼神子曰未能事人焉能事鬼曰敢問死曰未知生焉知死

陳曰鬼神及死事難明語之無益故不荅

閔子侍側誾誾如也子路行行如也冉有子貢侃侃如也子樂

鄭曰樂各盡其性行行剛强之貌

若由也不得其死然

孔曰不得以壽終

魯人爲長府閔子騫曰仍舊貫如之何何必改作

鄭曰長府藏名也藏財貨曰府仍因也貫事也因舊事則可也何乃復更改作

子曰夫人不言言必有中

王曰言必有中者善其不欲勞民改作

子曰由之瑟奚爲於丘之門

馬曰子路鼓瑟不合雅頌

門人不敬子路子曰由也升堂矣未入於室也

馬曰升我堂矣未入於室耳門人不解謂孔子言爲賤子路故復解之

子貢問師與商也孰賢子曰師也過商也不及

孔曰言俱不得中

曰然則師愈與子曰過猶不及

愈猶勝也

季氏富於周公

孔曰周公天子之宰卿士

而求也爲之聚斂而附益之

孔曰冉求爲季氏宰爲之急賦稅

子曰非吾徒也小子鳴鼓而攻之可也

鄭曰小子門人也鳴鼓聲其罪以責之

柴也愚

弟子高柴字子羔愚愚直之愚

參也魯

孔曰魯鈍也曾子性遲鈍

師也辟

馬曰子張才過人失在邪辟文過

由也喭

鄭曰子路之行失於畔喭

子曰回也其庶乎屢空賜不受命而貨殖焉億則屢中

言回庶幾聖道雖數空匱而樂在其中賜不受教命唯財貨是殖億度是非蓋美回所以勵賜也一曰屢猶每也空猶虛中也以聖人之善道教數子之庶幾猶不至於知道者各内有此害其於庶幾

每能虛中者唯回懷道深遠不虛心不能知道子貢雖無數子之病然亦不知道者雖不窮理而幸中雖非天命而偶富亦所以不虛心也

子張問善人之道子曰不踐迹亦不入於室

孔曰踐循也言善人不但循追舊迹而已亦少能創業然亦不入於聖人之奧室

子曰論篤是與君子者乎色莊者乎

論篤者謂口無擇言君子者謂身無鄙行色莊者不惡而嚴以遠小人言此三者皆可以爲善人

子路問聞斯行諸

包曰賑窮救乏之事

子曰有父兄在如之何其聞斯行之

孔曰當白父兄不得自專

冉有問聞斯行諸子曰聞斯行之公西華曰由也問聞斯行諸子曰有父兄在求也問聞斯行諸子曰聞斯行之赤也惑敢問

孔曰惑其問同而答異

子曰求也退故進之由也兼人故退之

鄭曰言冉有性謙退子路務在勝尚人各因其人之失而正之

子畏於匡顏淵後

孔曰言與孔子相失故在後

子曰吾以女爲死矣曰子在回何敢死

包曰言夫子在己無所敢死

季子然問仲由冉求可謂大臣與

孔曰子然季氏子弟自多得臣此二子故問之

子曰吾以子爲異之問曾由與求之問

孔曰謂子問異事耳則此二人之問安足大乎

所謂大臣者以道事君不可則止今由與求也可謂具臣矣

孔曰言備臣數而已

曰然則從之者與

孔曰問爲臣皆當從君所欲邪

子曰弒父與君亦不從也

孔曰言二子雖從其主亦不與爲大逆

子路使子羔爲費宰子曰賊夫人之子

包曰子羔學未熟習而使爲政所以爲賊害

子路曰有民人焉有社稷焉何必讀書然後爲學

孔曰言治民事神於是而習之亦學也

子曰是故惡夫佞者

孔曰疾其以口給應遂己非而不知窮

子路曾皙

孔曰皙曾參父名點

冉有公西華侍坐子曰以吾一日長乎爾毋吾以

也。孔曰：言我問女，女無以我長故難對。居則曰不吾知也。孔曰：女常居云人不知己。如或知爾，則何以哉。孔曰：如有用女者，則何以爲治。子路率爾而對。率爾，先三人對。曰：千乘之國，攝乎大國之間，加之以師旅，因之以饑饉。包曰：攝，迫也。迫於大國之間。由也爲之，比及三年，可使有勇，且知方也。方，義方。夫子哂之。馬曰：哂，笑。求爾何如。對曰：方六七十，如五六十。求性謙退，言欲得方六七十，如五六十里小國治之而已。求也爲之，比及三年，可使足民。如其禮樂，以俟君子。孔曰：求自云能足民而已，謂衣食足也。若禮樂之化，當以待君子，謙也。

赤爾何如。對曰：非曰能之，願學焉。宗廟之事，如會同，端章甫，願爲小相焉。鄭曰：我非自言能，願學爲之。宗廟之事，謂祭祀也。諸侯時見曰會，衆覜曰同。端，玄端也。衣玄端，冠章甫，諸侯日視朝之服。小相，謂相君之禮。點爾何如。鼓瑟希。孔曰：思所以對，故音希。鏗爾，舍瑟而作，對曰：異乎三子者之撰。孔曰：置瑟起對。撰，具也。爲政之具。鏗爾者，投瑟之聲。子曰：何傷乎？亦各言其志也。孔曰：各言己志，於義無傷。曰：莫春者，春服既成，冠者五六人，童子六七人，浴乎沂，風乎舞雩，詠而歸。包曰：莫春者，季春三月也。春服既成，衣單袷之時。我欲得冠者五六人，童子六七人，浴乎沂水之上，風涼於舞雩之下，歌詠先王之道，而歸夫子之門。夫子喟然歎曰：吾與點也。周曰：善點獨知時。三子者出，曾皙後。曾皙曰：夫三子者之言何如。子曰：亦各言其志也已矣。曰：夫子何哂由也。曰：爲國以禮，其言不讓，是故哂之。包曰：爲國以禮，禮貴讓，子路言不讓，故笑之。

唯求則非邦也與安見方六七十如五六十而非邦也者唯赤則非邦也與宗廟會同非諸侯而何

孔曰明皆諸侯之事與子路同徒笑子路不讓

赤也爲之小孰能爲之大

孔曰赤謙言小相耳誰能爲大相

論語卷十一

論語卷十二

魏尚書駙馬都尉關内侯南陽何　晏集解

明　後　學　東吴葛　鼒較訂

顔淵第十二

顔淵問仁子曰克己復禮爲仁馬曰克己約身孔曰復反也身能反禮則爲仁矣一日克己復禮天下歸仁焉馬曰一日猶見歸況終身乎爲仁由己而由人乎哉孔曰行善在己不在人也

顔淵曰請問其目包曰知其必有條目故請問之子曰非禮勿視非禮勿聽非禮勿言非禮勿動鄭曰此四者克己復禮之目顔淵曰回雖不敏請事斯語矣王曰敬事此語必行之

仲弓問仁子曰出門如見大賓使民如承大祭孔曰爲仁之道莫尚乎敬己所不欲勿施於人在邦無怨在家無怨包曰在邦爲諸侯在家爲卿大夫仲弓曰雍雖不敏請事斯語矣

司馬牛問仁子曰仁者其言也訒孔曰訒難也牛宋人弟子司馬犂曰其言也訒斯謂之仁已乎子曰爲之難言之得無訒乎孔曰行仁難言仁亦不得不難

司馬牛問君子子曰君子不憂不懼孔曰牛兄桓魋將爲亂牛自宋來學常憂懼故孔子解之曰不憂不懼斯謂之君子已乎子曰内省不疚夫何憂何懼包曰疚病也自省無罪惡無可憂懼

司馬牛憂曰人皆有兄弟我獨亡鄭曰牛兄桓魋行惡死亡無日我爲無兄弟子夏曰商聞之矣死生有命富貴在天君子敬而無失與人恭而有禮四海之内皆兄弟也包曰君子疏惡而友賢九州之人皆可以禮親

子張問明子曰浸潤之譖膚受之愬不行焉可謂明也已矣鄭曰譖人之言如水之浸潤漸以成之馬曰膚受之愬皮膚外語非其内實浸潤之譖膚受之愬不行焉可謂遠也已矣

馬曰無此二者非但爲明其德行高遠人莫能及

子貢問政子曰足食足兵民信之矣子貢曰必不得已而去於斯三者何先曰去兵子貢曰必不得已而去於斯二者何先曰去食自古皆有死民無信不立

孔曰死者古今常道人皆有之治邦不可失信

棘子成曰君子質而已矣何以文爲

鄭曰舊說云棘子成衛大夫

子貢曰惜乎夫子之說君子也駟不及舌

鄭曰惜乎夫子之說君子也過言一出駟馬追之不及

文猶質也質猶文也虎豹之鞟猶犬羊之鞟

孔曰皮去毛曰鞟虎豹與犬羊別正以毛文異耳今使文質同者何以別虎豹與犬羊邪

哀公問於有若曰年饑用不足如之何有若對曰盍徹乎

鄭曰盍何不也周法什一而稅謂之徹徹通也爲天下之通法

曰二吾猶不足如之何其徹也

孔曰二謂什二而稅

對曰百姓足君孰與不足百姓不足君孰與足

孔曰孰誰也

子張問崇德辨惑

孔曰辨別也

子曰主忠信徙義崇德也

包曰徙義見義則徙意而從之

愛之欲其生惡之欲其死既欲其生又欲其死是惑也

包曰愛惡當有常一欲生之一欲死之是心惑也

誠不以富亦祇以異

鄭曰此詩小雅也祇適也言此行誠不可以致富適足以爲異耳取此詩之異義以非之

齊景公問政於孔子孔子對曰君君臣臣父父子子

孔曰當此之時陳恒制齊君不君臣不臣父不父子不子故以對

公曰善哉信如君不君臣不臣父不父子不子雖有粟吾得而食諸

孔曰言將危也陳氏果滅齊

子曰片言可以折獄者其由也與

孔曰片猶偏也聽訟必須兩辭以定是非偏信一言以折獄者唯子路可

子路無宿諾

宿猶豫也子路篤信恐臨時多故故不豫諾

子曰聽訟吾猶人也

包曰與人等

必也使無訟乎

王曰化之在前

子張問政子曰居之無倦行之以忠

王曰言爲政之道居之於身無得解倦行之於民必以忠信

子曰博學於文約之以禮亦可以弗畔矣夫

鄭曰弗畔不違道

子曰君子成人之美不成人之惡小人反是

季康子問政於孔子孔子對曰政者正也子帥以正孰敢不正

鄭曰康子魯上卿諸臣之帥也

季康子患盜問於孔子孔子對曰苟子之不欲雖賞之不竊

孔曰欲多情慾言民化於上不從其令從其所好

季康子問政於孔子曰如殺無道以就有道何如

孔曰就成也欲多殺以止姦

孔子對曰子爲政焉用殺子欲善而民善矣君子之德風小人之德草草上之風必偃

孔曰亦欲令康子先自正偃仆也加草以風無不仆者猶民之化於上

子張問士何如斯可謂之達矣子曰何哉爾所謂達者子張對曰在邦必聞在家必聞

鄭曰言士之所在皆能有名譽

子曰是聞也非達也夫達也者質直而好義察言而觀色慮以下人

馬曰常有謙退之志察言語觀顏色知其所欲其志慮常欲以下人

在邦必達在家必達

馬曰謙尊而光卑而不可踰

夫聞也者色取仁而行違居之不疑

馬曰此言佞人假仁者之色行之則違安居其僞而不自疑

在邦必聞在家必聞

馬曰佞人黨多

樊遲從遊於舞雩之下

包曰舞雩之處有壇墠樹木故下可遊焉

曰敢問崇德修慝辨惑

孔曰慝惡也修治也治惡爲善

子曰善哉問先事後得非崇德與

孔曰先勞於事然後得報

攻其惡無攻人之惡非修慝與一朝之忿忘其身以及其親非惑與

樊遲問仁子曰愛人問知子曰知人樊遲未達子曰舉直錯諸枉能使枉者直

包曰舉正直之人用之廢置邪枉之人則皆化爲直

樊遲退，見子夏曰：鄉也吾見於夫子而問知，子曰：舉直錯諸枉，能使枉者直，何謂也？子夏曰：富哉言乎。孔曰：富，盛也。舜有天下，選於衆，舉皐陶，不仁者遠矣。湯有天下，選於衆，舉伊尹，不仁者遠矣。孔曰：言舜、湯有天下，選擇於衆，舉皐陶、伊尹，則不仁者遠矣，仁者至矣。

子貢問友，子曰：忠告而善道之，不可則止，毋自辱焉。包曰：忠告，以是非告之，以善道導之，不見從則止，必言之或見辱。

曾子曰：君子以文會友，孔曰：友以文德合。以友輔仁。孔曰：友相切磋之道，所以輔成己之仁。

論語卷十二

論語卷十三

魏尚書駙馬都尉關內侯南陽何　晏集解

明　後　學　東吳金　蟠較訂

子路第十三

子路問政子曰先之勞之

孔曰先導之以德使民信之然後勞之易曰說以使民民忘其勞

請益曰無倦

孔曰子路嫌其少故請益曰無倦者行此上事無倦則可

仲弓爲季氏宰問政子曰先有司

王曰言爲政當先任有司而後責其事

赦小過舉賢才曰焉知賢才而舉之曰舉爾所知爾所不知人其舍諸

孔曰女所不知者人將自舉其所知則賢才無遺

子路曰衛君待子而爲政子將奚先

包曰問往將何所先行

子曰必也正名乎

馬曰正百事之名

子路曰有是哉子之迂也奚其正

包曰迂猶遠也言孔子之言遠於事

子曰野哉由也

孔曰野猶不達

君子於其所不知蓋闕如也

包曰君子於其所不知當闕而勿據今由不知正名之義而謂之迂遠

名不正則言不順言不順則事不成事不成則禮樂不興禮樂不興則刑罰不中

孔曰禮以安上樂以移風二者不行則有淫刑濫罰

刑罰不中則民無所錯手足故君子名之必可言也言之必可行也

王曰所名之事必可得而明言所言之事必可得而遵行

君子於其言無所苟而已矣

樊遲請學稼子曰吾不如老農請學爲圃曰吾不如老圃

馬曰樹五穀曰稼樹菜蔬曰圃

樊遲出子曰小人哉樊須也上好禮則民莫敢不敬上好義則民莫敢不服上好信則民莫敢不用情

孔曰情情實也言民化於上各以實應

夫如是則四方之民襁負其子而至矣焉用稼

包曰禮義與信足以成德何用學稼以教民乎負者以器曰襁

子曰誦詩三百授之以政不達使於四方不能專對

雖多亦奚以爲
專猶獨也
子曰其身正不令而行其身不正雖令不從
令教令也
子曰魯衛之政兄弟也
包曰魯周公之封衛康叔之封周公康叔既爲兄弟康叔睦於周公其國之政亦如兄弟
子謂衛公子荆善居室
王曰荆與蘧瑗史鰌並爲君子
始有曰苟合矣少有曰苟完矣富有曰苟美矣
子適衛冉有僕
孔曰孔子之衛冉有御
子曰庶矣哉
孔曰庶衆也言衛人衆多
冉有曰既庶矣又何加焉曰富之曰既富矣又何加焉曰教之
子曰苟有用我者期月而已可也三年有成
孔曰言誠有用我於政事者期月而可以行其政教必三年乃有成功
子曰善人爲邦百年亦可以勝殘去殺矣
王曰勝殘殘暴之人使不爲惡也去殺不用刑殺也
誠哉是言也
孔曰古有此言孔子信之
子曰如有王者必世而後仁
孔曰三十年曰世如有受命王者必三十年仁政乃成
子曰苟正其身矣於從政乎何有不能正其身如正人何
冉子退朝
周曰謂罷朝於魯君
子曰何晏也對曰有政
馬曰政者有所改更
子曰其事也
馬曰事者凡行常事
如有政雖不吾以吾其與聞之
馬曰如有政非常之事我爲大夫雖不見任用必當與聞之
定公問一言而可以興邦有諸孔子對曰言不可以若是其幾也
王曰以其大要一言不能正興國幾近也有近一言可以興國
人之言曰爲君難爲臣不易如知爲君之難也不幾乎一言而興邦乎
孔曰事不可以一言而成如知此則可近也
曰一言而喪邦有諸孔子對曰言不可以若是其

幾也人之言曰予無樂乎爲君唯其言而莫予違也

孔曰言無樂於爲君所樂者唯樂其言而不見違

如其善而莫之違也不亦善乎如不善而莫之違也不幾乎一言而喪邦乎

孔曰人君所言善無違之者則善也所言不善而無敢違之者則近一言而喪國

葉公問政子曰近者說遠者來

子夏爲莒父宰問政

鄭曰舊說云莒父魯下邑

子曰無欲速無見小利欲速則不達見小利則大事不成

孔曰事不可以速成而欲其速則不達矣小利妨大則大事不成

葉公語孔子曰吾黨有直躬者

孔曰直躬直身而行

其父攘羊而子證之

周曰有因而盜曰攘

孔子曰吾黨之直者異於是父爲子隱子爲父隱直在其中矣

樊遲問仁子曰居處恭執事敬與人忠雖之夷狄不可棄也

包曰雖之夷狄無禮義之處猶不可棄去而不行

子貢問曰何如斯可謂之士矣子曰行己有恥

孔曰有恥者有所不爲

使於四方不辱君命可謂士矣曰敢問其次曰宗族稱孝焉鄉黨稱弟焉曰敢問其次曰言必信行必果硜硜然小人哉抑亦可以爲次矣

鄭曰行必果所欲行必果敢爲之硜硜者小人之貌也抑亦其次言可以爲次

曰今之從政者何如子曰噫斗筲之人何足算也

鄭曰噫心不平之聲筲竹器容斗二升算數也

子曰不得中行而與之必也狂狷乎

包曰中行行能得其中者言不得中行則欲得狂狷者

狂者進取狷者有所不爲也

包曰狂者進取於善道狷者守節無爲欲得此二人各以時多進退取其恆

子曰南人有言曰人而無恆不可以作巫醫

孔曰南人南國之人鄭曰言巫醫不能治無恆之人

善夫

包曰善南人之言也

不恆其德或承之羞

孔曰此易恆卦之辭言德無常則羞辱承之

子曰不占而已矣

鄭曰易所以占吉凶無恆之人易所不占

子曰君子和而不同小人同而不和

君子心和然其所見各異故曰不同小人所嗜好者同然各爭利故曰不和

子貢問曰鄉人皆好之何如子曰未可也鄉人皆惡之何如子曰未可也不如鄉人之善者好之其不善者惡之

孔曰善人善己惡人惡己是善善明惡惡著

子曰君子易事而難說也

孔曰不責備於一人故易事

說之不以道不說也及其使人也器之

孔曰度才而官之

小人難事而易說也說之雖不以道說也及其使人也求備焉

子曰君子泰而不驕小人驕而不泰

君子自縱泰似驕而不驕小人拘忌而實自驕矜

子曰剛毅木訥近仁

王曰剛無欲毅果敢木質樸訥遲鈍有斯四者近於仁

子路問曰何如斯可謂之士矣子曰切切偲偲怡怡如也可謂士矣朋友切切偲偲兄弟怡怡

馬曰切切偲偲相切責之貌怡怡和順之貌

子曰善人教民七年亦可以卽戎矣

包曰卽就也戎兵也言以攻戰

子曰以不教民戰是謂棄之

馬曰言用不習之民使之攻戰必破敗是謂棄之

論語卷十三

論語卷十四

魏尚書駙馬都尉關內侯南陽何　晏集解

明　後　學　東吳葛　鼒較訂

憲問第十四

憲問恥子曰邦有道穀。孔曰穀祿也邦有道當食祿

邦無道穀恥也。孔曰君無道而在其朝食其祿是恥辱

克伐怨欲不行焉可以爲仁矣。馬曰克好勝人伐自伐其功怨忌小怨欲貪欲也

子曰可以爲難矣仁則吾不知也。包曰四者行之難未足以爲仁

子曰士而懷居不足以爲士矣。士當志道不求安而懷其居非士也

子曰邦有道危言危行。包曰危厲也邦有道可以厲言行也

邦無道危行言孫。孫順也厲行不隨俗順言以遠害

子曰有德者必有言。德不可以億中故必有言

有言者不必有德仁者必有勇勇者不必有仁

南宮适孔曰适南宮敬叔魯大夫

問於孔子曰羿善射奡盪舟。孔曰羿有窮國之君篡夏后相之位其臣寒浞殺之因其室而生奡奡多力能陸地行舟爲夏后少康所殺

俱不得其死然。孔曰此二子者皆不得以壽終

禹稷躬稼而有天下夫子不答。馬曰禹盡力於溝洫稷播百穀故曰躬稼禹及其身稷及後世皆王适意欲以禹稷比孔子孔子謙故不答也

南宮适出子曰君子哉若人尚德哉若人。孔曰賤不義而貴有德故曰君子

子曰君子而不仁者有矣夫未有小人而仁者也。孔曰雖曰君子猶未能備

子曰愛之能勿勞乎忠焉能勿誨乎。孔曰言人有所愛必欲勞來之有所忠必欲教誨之

子曰爲命裨諶草創之。孔曰裨諶鄭大夫氏名也謀於野則獲於國則否鄭國將有諸侯之事則使乘車以適野而謀作盟會之辭

世叔討論之。行人子羽修飾之。東里子產潤色之。

馬曰。世叔，鄭大夫游吉也。討，治也。裨諶既造謀，世叔復治而論之，詳而審之。行人，掌使之官。子羽，公孫揮。子產居東里，因以爲號。更此四賢而成，故鮮有敗事。

或問子產。子曰。惠人也。

孔曰。惠，愛也。子產古之遺愛。

問子西。曰。彼哉彼哉。

馬曰。子西，鄭大夫。彼哉彼哉，言無足稱。或曰楚令尹子西。

問管仲。曰。人也。

猶詩言所謂伊人。

奪伯氏駢邑三百。飯疏食。沒齒無怨言。

孔曰。伯氏，齊大夫。駢邑，地名。齒，年也。伯氏食邑三百家，管仲奪之，使至疏食，而沒齒無怨言，以其當理也。

子曰。貧而無怨難。富而無驕易。

子曰。孟公綽爲趙魏老則優。不可以爲滕薛大夫。

孔曰。公綽，魯大夫。趙魏皆晉卿。家臣稱老。公綽性寡欲，趙魏貪賢，家老無職，故優。滕薛小國，大夫職煩，故不可爲。

子路問成人。子曰。若臧武仲之知。

馬曰。魯大夫臧孫紇。

公綽之不欲。

馬曰。孟公綽。

卞莊子之勇。

周曰。卞邑大夫。

冉求之藝。文之以禮樂。

孔曰。加之以禮樂文成。

亦可以爲成人矣。曰。今之成人者何必然。見利思義。

馬曰。義然後取，不苟得。

見危授命。久要不忘平生之言。亦可以爲成人矣。

孔曰。久要，舊約也。平生，猶少時。

子問公叔文子於公明賈曰。信乎夫子不言不笑不取乎。

孔曰。公叔文子，衛大夫公孫枝。文，諡。

公明賈對曰。以告者過也。夫子時然後言。人不厭其言。樂然後笑。人不厭其笑。義然後取。人不厭其取。子曰。其然。豈其然乎。

馬曰。美其得道，嫌不能悉然。

子曰。臧武仲以防求爲後於魯。雖曰不要君。吾不信也。

孔曰。防，武仲故邑。爲後，立後也。魯襄公二十三年，武仲爲孟氏所譖，出奔邾，自邾如防，使爲以大蔡納請曰：紇非能害也，知不足也，非敢私請，苟守先祀，無廢二勳，敢不辟邑。乃立臧爲。紇致防而奔齊。

此所謂要君

子曰晉文公譎而不正

鄭曰譎者詐也謂召天子而使諸侯朝之仲尼曰以臣召君不可以訓故書曰天王狩於河陽是譎而不正也

齊桓公正而不譎

馬曰伐楚以公義責苞茅之貢不入問昭王南征不還是正而不譎也

子路曰桓公殺公子糾召忽死之管仲不死曰未仁乎

孔曰齊襄公立無常鮑叔牙曰君使民慢亂將作矣奉公子小白出奔莒襄公從弟公孫無知殺襄公管夷吾召忽奉公子糾出奔魯齊人殺無知魯伐齊納子糾小白自莒先入是爲桓公乃殺子糾召忽死之

子曰桓公九合諸侯不以兵車管仲之力也如其仁如其仁

孔曰誰如管仲之仁

子貢曰管仲非仁者與桓公殺公子糾不能死又相之子曰管仲相桓公霸諸侯一匡天下

馬曰匡正也天子微弱桓公帥諸侯以尊周室一匡天下

民到于今受其賜

受其賜者爲不被髮左衽之惠

微管仲吾其被髮左衽矣

馬曰微無也無管仲則君不君臣不臣皆爲夷狄

豈若匹夫匹婦之爲諒也自經於溝瀆而莫之知也

王曰經經死於溝瀆中也管仲召忽之於公子糾君臣之義未正成故死之未足深嘉不死未足多非死事既難亦在於過厚故仲尼但美管仲之功亦不言召忽不當死

公叔文子之臣大夫僎與文子同升諸公

孔曰大夫僎本文子家臣薦之使與己並爲大夫同升在公朝

子聞之曰可以爲文矣

孔曰言行如是可謚爲文

子言衛靈公之無道也康子曰夫如是奚而不喪孔子曰仲叔圉治賓客祝鮀治宗廟王孫賈治軍旅夫如是奚其喪

孔曰言雖無道所任者各當其才何爲當亡

子曰其言之不怍則爲之也難

馬曰怍慙也內有其實則言之不慙積其實者爲之難

陳成子弑簡公孔子沐浴而朝告於哀公曰陳恒殺其君請討之

馬曰成子齊大夫陳恒也將告君故先齋齋必沐浴

公曰告夫三子

孔曰謂三卿也

孔子曰以吾從大夫之後不敢不告也君曰告夫三子者
（馬曰我禮當告君不當告三子君使我往故復往）

之三子告不可孔子曰以吾從大夫之後不敢不告也
（馬曰孔子由君命之三子告不可故復以此辭語之而止）

子路問事君子曰勿欺也而犯之
（孔曰事君之道義不可欺當能犯顏諫爭）

子曰君子上達小人下達
（本爲上末爲下）

子曰古之學者爲己今之學者爲人
（孔曰爲己履而行之爲人徒能言之）

蘧伯玉使人於孔子孔子與之坐而問焉
（孔曰伯玉衛大夫蘧瑗）

曰夫子何爲對曰夫子欲寡其過而未能也
（言夫子欲寡其過而未能無過）

使者出子曰使乎使乎
（陳曰再言使乎者善之也言使得其人）

子曰不在其位不謀其政曾子曰君子思不出其位
（孔曰不越其職）

子曰君子恥其言而過其行

子曰君子道者三我無能焉仁者不憂知者不惑勇者不懼子貢曰夫子自道也

子貢方人
（孔曰比方人也）

子曰賜也賢乎哉夫我則不暇
（孔子不暇比方人也）

子曰不患人之不己知患其不能也
（王曰徒患己之無能）

子曰不逆詐不億不信抑亦先覺者是賢乎
（孔曰先覺人情者是寧能爲賢乎或時反怨人）

微生畝謂孔子曰丘何爲是栖栖者與無乃爲佞乎
（包曰微生姓畝名）

孔子曰非敢爲佞也疾固也
（包曰病世固陋欲行道以化之）

子曰驥不稱其力稱其德也
（鄭曰德者調良之謂）

或曰以德報怨何如子曰何以報德
（德恩惠之德）

以直報怨以德報德

子曰莫我知也夫子貢曰何爲其莫知子也

子貢怪夫子言何爲莫知己故問

子曰不怨天不尤人

馬曰孔子不用於世而不怨天人不知己亦不尤人

下學而上達

孔曰下學人事上知天命

知我者其天乎

聖人與天地合其德故曰唯天知己

公伯寮愬子路於季孫

馬曰愬譖也伯寮魯人弟子也

子服景伯以告

孔曰魯大夫子服何忌也告告孔子

曰夫子固有惑志

孔曰季孫信讒恚子路

於公伯寮吾力猶能肆諸市朝

鄭曰吾勢力猶能辨子路之無罪於季孫使之誅寮而肆之有罪既刑陳其尸曰肆

子曰道之將行也與命也道之將廢也與命也公伯寮其如命何

子曰賢者辟世

孔曰世主莫得而臣

其次辟地

馬曰去亂國適治邦

其次辟色

孔曰色斯舉矣

其次辟言

孔曰有惡言乃去

子曰作者七人矣

包曰作爲也爲之者凡七人謂長沮桀溺丈人石門荷蕢儀封人楚狂接輿

子路宿於石門晨門曰奚自

晨門者閽人也

子路曰自孔氏曰是知其不可而爲之者與

包曰言孔子知世不可爲而強爲之

子擊磬於衛有荷蕢而過孔氏之門者曰有心哉擊磬乎

蕢草器也有心謂契契然

既而曰鄙哉硜硜乎莫己知也斯已而已矣

此硜硜者徒信己而已言亦無益

深則厲淺則揭

包曰以衣涉水爲厲揭揭衣也言隨世以行己若過水必以濟知其不可則當不爲

子曰果哉末之難矣

未知己志而便譏己所以爲果末無也無難者以其不能解己之道

子張曰書云高宗諒陰三年不言何謂也

孔曰高宗殷之中興王武丁也諒信也陰猶默也

子曰何必高宗古之人皆然君薨百官總己

馬曰己百官

以聽於冢宰三年

孔曰冢宰天官卿佐王治者三年喪畢然後王自聽政

子曰上好禮則民易使也

民莫敢不敬故易使

子路問君子子曰修己以敬

孔曰敬其身

曰如斯而已乎曰修己以安人

孔曰人謂朋友九族

曰如斯而已乎曰修己以安百姓修己以安百姓

堯舜其猶病諸

孔曰病猶難也

原壤夷俟

馬曰原壤魯人孔子故舊夷踞俟待也踞待孔子

子曰幼而不孫弟長而無述焉老而不死是爲賊

賊謂賊害

以杖叩其脛

孔曰叩擊也脛腳脛

闕黨童子將命

馬曰闕黨之童子將命者傳賓主之語出入

或問之曰益者與子曰吾見其居於位也

童子隅坐無位成人乃有位

見其與先生並行也非求益者也欲速成者也

包曰先生成人也並行不差在後違禮欲速成人者則非求益也

論語卷十四

論語卷十五

魏尚書駙馬都尉關內侯南陽何　晏集解

明　後　學　東吳金　蟠較訂

衛靈公第十五

衛靈公問陳於孔子（孔曰軍陳行列之法）

孔子對曰俎豆之事則嘗聞之矣（孔曰俎豆禮器）

軍旅之事未之學也（鄭曰萬二千五百人爲軍五百人爲旅軍旅末事本未立不可以教末事）

明日遂行在陳絕糧從者病莫能興（孔曰從者弟子興起也孔子去衛如曹曹不容又之宋宋遭匡人之難又之陳會吳伐陳陳亂故乏食）

子路慍見曰君子亦有窮乎子曰君子固窮小人窮斯濫矣（濫溢也君子固亦有窮時但不如小人窮則濫溢爲非）

子曰賜也女以予爲多學而識之者與對曰然（孔曰然謂多學而識之）非與（孔曰今不然）曰非也予一以貫之（善有元事有會天下殊塗而同歸百慮而一致知其元則衆善舉矣故不待多學而一知之）

子曰由知德者鮮矣（王曰君子固窮而子路慍見故謂之少於知德）

子曰無爲而治者其舜也與夫何爲哉恭己正南面而已矣（言任官得其人故無爲而治）

子張問行子曰言忠信行篤敬雖蠻貊之邦行矣言不忠信行不篤敬雖州里行乎哉（鄭曰萬二千五百家爲州五家爲鄰五鄰爲里行乎哉言不可行）立則見其參於前也在輿則見其倚於衡也夫然後行（包曰衡軛也言思念忠信立則常想見參然在目前在輿則若倚車軛）子張書諸紳（孔曰紳大帶）

子曰直哉史魚（孔曰衛大夫史鰌）邦有道如矢邦無道如矢（孔曰有道無道行直如矢言不曲）君子哉蘧伯玉邦有道則仕邦無道則可卷而懷

之。包曰：卷而懷，謂不與時政，柔順不忤於人。

子曰：可與言而不與之言，失人；不可與言而與之言，失言。知者不失人，亦不失言。

子曰：志士仁人，無求生以害仁，有殺身以成仁。孔曰：無求生而害仁，死而後成仁，則志士仁人不愛其身也。

子貢問爲仁。子曰：工欲善其事，必先利其器。居是邦也，事其大夫之賢者，友其士之仁者。孔曰：言工以利器爲用，人以賢友爲助。

顏淵問爲邦。子曰：行夏之時，據見萬物之生，以爲四時之始，取其易知。乘殷之輅，馬曰：殷車曰大輅。左傳曰：大輅越席，昭其儉也。服周之冕，包曰：冕，禮冠。周之禮文而備，取其黈纊塞耳，不任視聽。樂則韶舞。韶，舜樂也。盡善盡美，故取之。放鄭聲，遠佞人。鄭聲淫，佞人殆。孔曰：鄭聲、佞人亦俱能惑人心，與雅樂、賢人同，而使人淫亂危殆，故當放遠之。

子曰：人無遠慮，必有近憂。王曰：君子當思患而預防之。

子曰：已矣乎！吾未見好德如好色者也。

子曰：臧文仲其竊位者與！知柳下惠之賢而不與立也。孔曰：柳下惠，展禽也。知賢而不擧，是爲竊位。

子曰：躬自厚而薄責於人，則遠怨矣。孔曰：責己厚，責人薄，所以遠怨咎。

子曰：不曰如之何，孔曰：不曰如之何者，猶言不曰奈是何。如之何者，吾末如之何也已矣。孔曰：如之何者，言禍難已成，吾亦無如之何。

子曰：羣居終日，言不及義，好行小慧，難矣哉。鄭曰：小慧，謂小小之才知。難矣哉，言終無成。

子曰：君子義以爲質，禮以行之，孫以出之，信以成之。君子哉！鄭曰：義以爲質，謂操行。孫以出之，謂言語。

子曰：君子病無能焉，不病人之不己知也。包曰：君子之人，但病無聖人之道，不病人之不己知。

子曰：君子疾沒世而名不稱焉。疾，猶病也。

子曰：君子求諸己，小人求諸人。

君子責己，小人責人。

子曰：君子矜而不爭，

包曰：矜，矜莊也。

羣而不黨。

孔曰：黨，助也。君子雖衆，不相私助，義之與比。

子曰：君子不以言舉人，

包曰：有言者不必有德，故不可以言舉人。

不以人廢言。

王曰：不可以無德而廢善言。

子貢問曰：有一言而可以終身行之者乎？子曰：其恕乎！己所不欲，勿施於人。

言己之所惡，勿加施於人。

子曰：吾之於人也，誰毀誰譽？如有所譽者，其有所試矣。

包曰：所譽者輒以試事，不虛譽而已。

斯民也，三代之所以直道而行也。

馬曰：三代夏殷周，用民如此，無所阿私，所以云直道而行。

子曰：吾猶及史之闕文也，

包曰：古之良史，於書字有疑則闕之，以待知者。

有馬者借人乘之，今亡矣夫。

包曰：有馬不能調良，則借人乘習之。孔子自謂及見其人如此，至今無有矣，言此者以俗多穿鑿。

子曰：巧言亂德，小不忍則亂大謀。

孔曰：巧言利口則亂德義，小不忍則亂大謀。

子曰：衆惡之，必察焉；衆好之，必察焉。

王曰：或衆阿黨比周，或其人特立不羣，故好惡不可不察也。

子曰：人能弘道，非道弘人。

王曰：才大者道隨大，才小者道隨小，故不能弘人。

子曰：過而不改，是謂過矣。

子曰：吾嘗終日不食，終夜不寢，以思，無益，不如學也。

子曰：君子謀道不謀食。耕也，餒在其中矣；學也，祿在其中矣。君子憂道不憂貧。

鄭曰：餒，餓也。言人雖念耕而不學，故飢餓；學則得祿，雖不耕而不餒。此勸人學。

子曰：知及之，仁不能守之，雖得之，必失之。

包曰：知能及治其官，而仁不能守，雖得之，必失之。

知及之，仁能守之，不莊以涖之，則民不敬。

包曰：不嚴以臨之，則民不敬從其上。

知及之，仁能守之，莊以涖之，動之不以禮，未善也。

王曰：動必以禮，然後善。

子曰：君子不可小知而可大受也，小人不可大受而

可小知也

王曰君子之道深遠不可小了知而可大受小人之道淺近可小了知而不可大受也

子曰民之於仁也甚於水火

馬曰水火及仁皆民所仰而生者仁最爲甚

水火吾見蹈而死者矣未見蹈仁而死者也

馬曰蹈水火或時殺人蹈仁未嘗殺人

子曰當仁不讓於師

孔曰當行仁之事不復讓於師言行仁急

子曰君子貞而不諒

孔曰貞正諒信也君子之人正其道耳言不必小信

子曰事君敬其事而後其食

孔曰先盡力而後食祿

子曰有教無類

馬曰言人所在見教無有種類

子曰道不同不相爲謀

子曰辭達而已矣

孔曰凡事莫過於實辭達則足矣不煩文豔之辭

師冕見

孔曰師樂人盲者名冕

及階子曰階也及席子曰席也皆坐子告之曰某在斯某在斯

孔曰歷告以坐中人姓字所在處

師冕出子張問曰與師言之道與子曰然固相師之道也

馬曰相導也

論語卷十五

論語卷十六

魏尚書駙馬都尉關內侯南陽何　晏集解

明　後　學　東吳金　蟠較訂

季氏第十六

季氏將伐顓臾。冉有、季路見於孔子曰：季氏將有事於顓臾。孔曰：顓臾，伏羲之後，風姓之國，本魯之附庸，當時臣屬魯。季氏貪其土地，欲滅而取之。冉有與季路爲季氏臣，來告孔子。

孔子曰：求！無乃爾是過與？孔曰：冉求爲季氏宰，相其室，爲之聚斂，故孔子獨疑求教之。

夫顓臾，昔者先王以爲東蒙主，孔曰：使主祭蒙山。

且在邦域之中矣，孔曰：魯七百里之封，顓臾爲附庸，在其域中。

是社稷之臣也，何以伐爲？孔曰：已屬魯爲社稷之臣，何用滅之爲？

冉有曰：夫子欲之，吾二臣者皆不欲也。孔曰：歸咎於季氏。

孔子曰：求！周任有言曰：陳力就列，不能者止。馬曰：周任，古之良史。言當陳其才力，度己所任，以就其位，不能則當止。

危而不持，顛而不扶，則將焉用彼相矣？包曰：言輔相人者，當能持危扶顛，若不能，何用相爲？

且爾言過矣，虎兕出於柙，龜玉毀於櫝中，是誰之過與？馬曰：柙，檻也。櫝，匱也。失虎毀玉，豈非典守之過邪？

冉有曰：今夫顓臾，固而近於費。馬曰：固，謂城郭完堅，兵甲利也。費，季氏邑。

今不取，後世必爲子孫憂。孔子曰：求！君子疾夫孔子曰：疾如女之言。

舍曰欲之而必爲之辭。孔曰：舍其貪利之說，而更作他辭，是所疾也。

丘也聞有國有家者，不患寡而患不均，孔曰：國，諸侯。家，卿大夫。不患土地人民之寡少，患政理之不均平。

不患貧而患不安。孔曰：憂不能安民耳，民安則國富。

蓋均無貧，和無寡，安無傾。包曰：政教均平，則不貧矣。上下和同，不患寡矣。小大安寧，不傾危矣。

夫如是，故遠人不服，則修文德以來之。既來之，則安之。今由與求也，相夫子，遠人不服而不能來也；邦分崩離析，而不能守也；

孔曰：民有異心曰分，欲去曰崩，不可會聚曰離析。

而謀動干戈於邦內。

孔曰：干，楯也。戈，戟也。

吾恐季孫之憂不在顓臾，而在蕭牆之內也。

鄭曰：蕭之言肅也。牆謂屏也。君臣相見之禮，至屏而加肅敬焉，是以謂之蕭牆。後季氏家臣陽虎果囚季桓子。

孔子曰：天下有道，則禮樂征伐自天子出；天下無道，則禮樂征伐自諸侯出。自諸侯出，蓋十世希不失矣。

孔曰：希，少也。周幽王爲犬戎所殺，平王東遷，周始微弱。諸侯自作禮樂，專行征伐，始於隱公，至昭公十世，失政，死于乾侯矣。

自大夫出，五世希不失矣。

孔曰：季文子初得政，至桓子五世，爲家臣陽虎所囚。

陪臣執國命，三世希不失矣。

馬曰：陪，重也。謂家臣。陽虎爲季氏家臣，至虎三世而出奔齊。

天下有道，則政不在大夫。

孔曰：制之繇君。

天下有道，則庶人不議。

孔曰：無所非議。

孔子曰：祿之去公室五世矣。

鄭曰：言此之時，魯定公之初。魯自東門襄仲殺文公之子而立宣公，於是政在大夫，爵祿不從君出，至定公爲五世矣。

政逮於大夫四世矣。

孔曰：文子、武子、悼子、平子。

故夫三桓之子孫微矣。

孔曰：三桓，謂仲孫、叔孫、季孫。三卿皆出桓公，故曰三桓也。仲孫氏改其氏稱孟氏。至哀公皆衰。

孔子曰：益者三友，損者三友。友直，友諒，友多聞，益矣。友便辟，

馬曰：便辟，巧辟人之所忌，以求容媚。

友善柔，

馬曰：面柔也。

友便佞，損矣。

鄭曰：便，辯也。謂佞而辯。

孔子曰：益者三樂，損者三樂。樂節禮樂，

動得禮樂之節。

樂道人之善，樂多賢友，益矣。樂驕樂，

孔曰：恃尊貴以自恣。

樂佚遊，

王曰：佚遊，出入不節。

樂宴樂，損矣。

孔曰宴樂沈荒淫瀆三者自損之道

孔子曰侍於君子有三愆

孔曰愆過也

言未及之而言謂之躁

鄭曰躁不安靜

言及之而不言謂之隱

孔曰隱匿不盡情實

未見顏色而言謂之瞽

周曰未見君子顏色所趣向而便逆先意語者猶瞽也

孔子曰君子有三戒少之時血氣未定戒之在色及其壯也血氣方剛戒之在鬭及其老也血氣既衰戒之在得

孔曰得貪得

孔子曰君子有三畏畏天命

順吉逆凶天之命也

畏大人

大人即聖人與天地合其德

畏聖人之言

深遠不可易知測聖人之言也

小人不知天命而不畏也

恢疏故不知畏

狎大人

直而不肆故狎之

侮聖人之言

不可小知故侮之

孔子曰生而知之者上也學而知之者次也困而學之又其次也

困而不學民斯爲下矣

孔曰困謂有所不通

孔子曰君子有九思視思明聽思聰色思溫貌思恭言思忠事思敬疑思問忿思難見得思義

孔子曰見善如不及見不善如探湯吾見其人矣吾聞其語矣

孔曰探湯喻去惡疾

隱居以求其志行義以達其道吾聞其語矣未見其人也

齊景公有馬千駟死之日民無德而稱焉

孔曰千駟四千匹

伯夷叔齊餓於首陽之下

馬曰首陽山在河東蒲坂縣華山之北河曲之中

民到於今稱之其斯之謂與

王曰此所謂以德爲稱

陳亢問於伯魚曰子亦有異聞乎

馬曰以爲伯魚孔子之子所聞當有異

對曰未也嘗獨立

孔曰獨立謂孔子

鯉趨而過庭曰學詩乎對曰未也不學詩無以言鯉退而學詩他日又獨立鯉趨而過庭曰學禮乎對曰未也不學禮無以立鯉退而學禮聞斯二者陳亢退而喜曰問一得三聞詩聞禮又聞君子之遠其子也

邦君之妻君稱之曰夫人夫人自稱曰小童邦人稱之曰君夫人稱諸異邦曰寡小君異邦人稱之亦曰君夫人

孔曰小君君夫人之稱對異邦謙故曰寡小君當此之時諸侯嫡妾不正稱號不審故孔子正言其禮也

論語卷十六

論語卷十七

魏尚書駙馬都尉關內侯南陽何　晏集解

明　後　學　東吳金　蟠較訂

陽貨第十七

陽貨欲見孔子，孔子不見，孔曰：陽貨，陽虎也。季氏家臣，而專魯國之政，欲見孔子，使仕。歸孔子豚。孔曰：欲使往謝，故遺孔子豚。孔子時其亡也，而往拜之，遇諸塗。孔曰：塗，道也。於道路與相逢。謂孔子曰：來，予與爾言。曰：懷其寶而迷其邦，可謂仁乎？曰：不可。馬曰：言孔子不仕，是懷寶也。知國不治而不爲政，是迷邦也。好從事而亟失時，可謂知乎？曰：不可。孔曰：言孔子棲棲好從事，而數不遇，失時，不得爲有知。日月逝矣，歲不我與。馬曰：年老，歲月已往，當急仕。孔子曰：諾，吾將仕矣。孔曰：以順辭免。

子曰：性相近也，習相遠也。孔曰：君子慎所習。

子曰：唯上知與下愚不移。孔曰：上知不可使爲惡，下愚不可使强賢。

子之武城，聞弦歌之聲。孔曰：子游爲武城宰。夫子莞爾而笑，莞爾，小笑貌。曰：割雞焉用牛刀？孔曰：言治小何須用大道。子游對曰：昔者偃也聞諸夫子曰：君子學道則愛人，小人學道則易使也。孔曰：道謂禮樂也。樂以和人，人和則易使。子曰：二三子，孔曰：從行者。偃之言是也，前言戲之耳。孔曰：戲以治小而用大道。

公山弗擾以費畔，召，子欲往。孔曰：弗擾爲季氏宰，與陽虎共執季桓子，而召孔子。子路不説，曰：末之也已，何必公山氏之之也？孔曰：之，適也。無可之則止，何必公山氏之適。

子曰夫召我者而豈徒哉如有用我者吾其爲東周乎興周道於東方故曰東周

子張問仁於孔子孔子曰能行五者於天下爲仁矣請問之曰恭寬信敏惠恭則不侮孔曰不見侮慢寬則得衆信則人任焉敏則有功惠則足以使人孔曰應事疾則多成功

佛肸召子欲往孔曰晉大夫趙簡子之邑宰子路曰昔者由也聞諸夫子曰親於其身爲不善者君子不入也孔曰不入其國佛肸以中牟畔子之往也如之何子曰然有是言也不曰堅乎磨而不磷不曰白乎涅而不緇孔曰磷薄也涅可以染皁言至堅者磨之而不薄至白者染之於涅而不黑喻君子雖在濁亂濁亂不能污吾豈匏瓜也哉焉能繫而不食匏瓠也言匏瓜得繫一處者不食故也吾自食物當東西南北不得如不食之物繫滯一處

子曰由也汝聞六言六蔽矣乎六言六蔽者謂下六事仁知信直勇剛也對曰未也居吾語汝孔曰子路起對故使還坐好仁不好學其蔽也愚好知不好學其蔽也蕩孔曰仁者愛物不知所以裁之則愚蕩則無所適守好信不好學其蔽也賊孔曰父子不知相爲隱之輩好直不好學其蔽也絞好勇不好學其蔽也亂好剛不好學其蔽也狂孔曰狂妄抵觸人

子曰小子何莫學夫詩包曰小子門人也詩可以興孔曰興引譬連類可以觀鄭曰觀風俗之盛衰可以羣孔曰羣居相切磋可以怨孔曰怨刺上政

邇之事父遠之事君

孔曰邇近也

多識於鳥獸草木之名子謂伯魚曰女爲周南召南矣乎人而不爲周南召南其猶正牆面而立也與

馬曰周南召南國風之始樂得淑女以配君子三綱之首王教之端故人而不爲如向牆而立

子曰禮云禮云玉帛云乎哉

鄭曰玉圭璋之屬帛束帛之屬言禮非但崇此玉帛而已所貴者乃貴其安上治民

樂云樂云鐘鼓云乎哉

馬曰樂之所貴者移風易俗非謂鐘鼓而已

子曰色厲而內荏

孔曰荏柔也爲外自矜厲而內柔佞

譬諸小人其猶穿窬之盜也與

孔曰爲人如此猶小人之有盜心穿穿壁窬窬牆

子曰鄉原德之賊也

周曰所至之鄉輒原其人情而爲意以待之是賊亂德也一曰鄉向也古字同謂人不能剛毅而見人輒原其趣嚮容媚而合之言此所以賊德也

子曰道聽而塗說德之棄也

馬曰聞之於道路則傳而說之

子曰鄙夫可與事君也與哉

孔曰言不可與事君

其未得之也患得之

患得之者患不能得之楚俗言

旣得之患失之苟患失之無所不至矣

鄭曰無所不至者言其邪媚無所不爲

子曰古者民有三疾今也或是之亡也

包曰言古者民疾與今時異

古之狂也肆

包曰肆極意敢言

今之狂也蕩

孔曰蕩無所據

古之矜也廉

馬曰有廉隅

今之矜也忿戾

孔曰惡理多怒

古之愚也直今之愚也詐而已矣

子曰巧言令色鮮矣仁

王曰巧言無實令色無質

子曰惡紫之奪朱也

孔曰朱正色紫間色之好者惡其邪好而奪正色

惡鄭聲之亂雅樂也

包曰鄭聲淫聲之哀者惡其亂雅樂

惡利口之覆邦家者

孔曰利口之人多言少實苟能悅媚時君傾覆國家

子曰予欲無言子貢曰子如不言則小子何述焉

言之爲益少故欲無言

子曰天何言哉四時行焉百物生焉天何言哉

孺悲欲見孔子孔子辭以疾將命者出戶取瑟而歌使之聞之

孺悲魯人也孔子不欲見故辭之以疾爲其將命者不已故歌令將命者悟所以令孺悲思之

宰我問三年之喪期已久矣君子三年不爲禮禮必壞三年不爲樂樂必崩舊穀既沒新穀既升鑽燧改火期可已矣

馬曰周書月令有更火之文春取榆柳之火夏取棗杏之火季夏取桑柘之火秋取柞楢之火冬取槐檀之火一年之中鑽火各異木故曰改火也

子曰食夫稻衣夫錦於女安乎曰安女安則爲之夫君子之居喪食旨不甘聞樂不樂居處不安故不爲也今女安則爲之

孔曰旨美也責其無仁恩於親故再言女安則爲之

宰我出子曰予之不仁也子生三年然後免於父母之懷

馬曰子生於三歲爲父母所懷抱

夫三年之喪天下之通喪也

孔曰自天子達於庶人

予也有三年之愛於其父母乎

孔曰言子之於父母欲報之恩昊天罔極而予也有三年之愛乎

子曰飽食終日無所用心難矣哉不有博奕者乎爲之猶賢乎已

馬曰爲其無所據樂善生淫欲

子貢曰君子尚勇乎子曰君子義以爲上君子有勇而無義爲亂小人有勇而無義爲盜

子貢曰君子亦有惡乎子曰有惡惡稱人之惡者

包曰好稱説人之惡所以爲惡

惡居下流而訕上者

孔曰訕謗毁

惡勇而無禮者惡果敢而窒者

馬曰窒窒塞也

曰賜也亦有惡乎惡徼以爲知者

孔曰徼抄也抄人之意以爲己有

惡不孫以爲勇者惡訐以爲直者

包曰訐。謂攻發人之陰私。

子曰。唯女子與小人爲難養也。近之則不孫。遠之則怨。

子曰。年四十而見惡焉。其終也已。

鄭曰。年在不惑。而爲人所惡。終無所行。

論語卷十七

論語卷十八

魏尚書駙馬都尉關內侯南陽何　晏集解
明　後　學　東吳葛　鼒較訂

微子第十八

微子去之箕子爲之奴比干諫而死
馬曰微箕二國名子爵也微子紂之庶兄箕子比干紂之諸父微子見紂無道早去之箕子佯狂爲奴比干以諫見殺

孔子曰殷有三仁焉
仁者愛人三人行異而同稱仁以其俱在憂亂寧民

柳下惠爲士師
孔曰士師典獄之官

三黜人曰子未可以去乎曰直道而事人焉往而不三黜
孔曰苟直道以事人所至之國俱當復三黜

枉道而事人何必去父母之邦

齊景公待孔子曰若季氏則吾不能以季孟之間待之
孔曰魯三卿季氏爲上卿最貴孟氏爲下卿不用事言待之以二者之間

曰吾老矣不能用也孔子行
以聖道難成故云吾老不能用

齊人歸女樂季桓子受之三日不朝孔子行
孔曰桓子季孫斯也使定公受齊之女樂君臣相與觀之廢朝禮三日

楚狂接輿歌而過孔子
孔曰接輿楚人佯狂而來歌欲以感切孔子

曰鳳兮鳳兮何德之衰
孔曰比孔子於鳳鳥鳳鳥待聖君乃見非孔子周行求合故曰衰

往者不可諫
孔曰已往所行不可復諫止

來者猶可追
孔曰自今已來可追自止辟亂隱居

已而已而今之從政者殆而
孔曰已而已而者言世亂已甚不可復治也再言之者傷之深也

孔子下欲與之言趨而辟之不得與之言
包曰下下車

長沮桀溺耦而耕孔子過之使子路問津焉
鄭曰長沮桀溺隱者也耜廣五寸二耜爲耦津濟渡處

長沮曰夫執輿者爲誰子路曰爲孔丘曰是魯孔丘與曰是也曰是知津矣
馬曰言數周流自知津處

問於桀溺桀溺曰子爲誰子路曰爲仲由曰是魯

孔丘之徒與。對曰然。曰滔滔者天下皆是也。而誰以易之。

孔曰。滔滔周流之貌。言當今天下治亂同。空舍此適彼。故曰誰以易之。

且而與其從辟人之士也。豈若從辟世之士哉。

士有辟人之法。有辟世之法。長沮桀溺謂孔子爲士。從辟人之法。己之爲士。則從辟世之法。

耰而不輟。

鄭曰。耰覆種也。輟止也。覆種不止。不以津告。

子路行以告。夫子憮然。

爲其不達己意而便非己也。

曰鳥獸不可與同羣。

孔曰。隱於山林是同羣。

吾非斯人之徒與而誰與。

孔曰。吾自當與此天下人同羣。安能去人從鳥獸居乎。

天下有道。丘不與易也。

言凡天下有道者。丘皆不與易也。己大而人小故也。

子路從而後。遇丈人以杖荷蓧。

包曰。丈人老人也。蓧竹器。

子路問曰。子見夫子乎。丈人曰。四體不勤。五穀不分。孰爲夫子。

包曰。丈人云不勤勞四體。不分植五穀。誰爲夫子而索之邪。

植其杖而芸。

孔曰。植倚也。除草曰芸。

子路拱而立。

未知所以答。

止子路宿。殺雞爲黍而食之。見其二子焉。明日子路行以告。子曰隱者也。使子路反見之。至則行矣。

孔曰。子路反至其家。丈人出行不在。

子路曰。不仕無義。

鄭曰。留言以語丈人之二子。

長幼之節。不可廢也。君臣之義。如之何其廢之。

孔曰。言女知父子相養不可廢。反可廢君臣之義邪。

欲潔其身而亂大倫。

包曰。倫道理也。

君子之仕也。行其義也。道之不行。已知之矣。

包曰。言君子之仕。所以行君臣之義。不必自己道得行。孔子道不見用。自己知之。

逸民伯夷叔齊虞仲夷逸朱張柳下惠少連。

逸民者。節行超逸也。包曰。此七人皆逸民之賢者。

子曰不降其志。不辱其身。伯夷叔齊與。

鄭曰。言其直己之心。不入庸君之朝。

謂柳下惠少連。降志辱身矣。言中倫。行中慮。其斯而已矣。

孔曰：但能言應倫理，行應思慮，如此而已。

謂虞仲夷逸隱居放言。

包曰：放，置也。不復言世務。

身中清廢中權。

馬曰：清，純潔也。遭世亂，自廢棄以免患，合於權也。

我則異於是無可無不可。

馬曰：亦不必進，亦不必退，唯義所在。

大師摯適齊亞飯干適楚。

孔曰：亞，次也。次飯，樂師也。摯、干皆名。

三飯繚適蔡四飯缺適秦。

包曰：三飯、四飯，樂章名，各異師。繚、缺皆名也。

鼓方叔入於河。

包曰：鼓，擊鼓者。方叔，名。入，謂居其河內。

播鼗武入於漢。

孔曰：播，搖也。武，名也。

少師陽擊磬襄入於海。

孔曰：魯哀公時，禮壞樂崩，樂人皆去。陽、襄皆名。

周公謂魯公

孔曰：魯公，周公之子伯禽，封於魯。

曰：君子不施其親。

孔曰：施，易也。不以他人之親易己之親。

不使大臣怨乎不以。

孔曰：以，用也。怨不見聽用。

故舊無大故則不棄也，無求備於一人。

孔曰：大故，謂惡逆之事。

周有八士：伯達、伯适、仲突、仲忽、叔夜、叔夏、季隨、季騧。

包曰：周時四乳生八子，皆為顯仕，故記之耳。

論語卷十八

論語卷十九

魏尚書駙馬都尉關內侯南陽何　晏集解

明　後　學　東吳金　蟠較訂

子張第十九

子張曰士見危致命○孔曰致命不愛其身

見得思義祭思敬喪思哀其可已矣○

子張曰執德不弘信道不篤焉能爲有焉能爲亡○孔曰言無所輕重○

子夏之門人問交於子張○孔曰問與人交接之道○

子張曰子夏云何對曰子夏曰可者與之其不可者拒之子張曰異乎吾所聞君子尊賢而容衆嘉善而矜不能我之大賢與於人何所不容我之不賢與人將拒我如之何其拒人也○包曰友交當如子夏汎交當如子張○

子夏曰雖小道必有可觀者焉○小道謂異端○

致遠恐泥○包曰泥難不通○

是以君子不爲也○

子夏曰日知其所亡○孔曰日知其所未聞○

月無忘其所能可謂好學也已矣○

子夏曰博學而篤志○孔曰廣學而厚識之○

切問而近思○切問者切問於己所學未悟之事近思者思己所未能及之事汎問所未學遠思所未達則於所習者不精所思者不解○

仁在其中矣○

子夏曰百工居肆以成其事君子學以致其道○包曰言百工處其肆則事成猶君子學以致其道○

子夏曰小人之過也必文○孔曰文飾其過不言情實○

子夏曰君子有三變望之儼然卽之也溫聽其言也厲○鄭曰厲嚴正○

子夏曰君子信而後勞其民未信則以爲厲己也○王曰厲猶病也○

信而後諫未信則以爲謗己也○

子夏曰大德不踰閑
孔曰閑猶法也
小德出入可也
孔曰小德則不能不踰法故曰出入可
子游曰子夏之門人小子當洒掃應對進退則可矣
抑末也本之則無如之何
包曰言子夏弟子但當對賓客脩威儀禮節之事則可然此但是人之末事耳不可無其本故云本之則無如之何
子夏聞之曰噫
孔曰噫心不平之聲
言游過矣君子之道孰先傳焉孰後倦焉
包曰言先傳業者必先厭倦故我門人先教以小事後將教以大道
譬諸草木區以別矣
馬曰言大道與小道殊異譬如草木異類區別言學當以次
君子之道焉可誣也
馬曰君子之道焉可使誣言我門人但能灑掃而已
有始有卒者其惟聖人乎
孔曰終始如一惟聖人耳
子夏曰仕而優則學
馬曰行有餘力則以學文
學而優則仕
子游曰喪致乎哀而止
孔曰毀不滅性
子游曰吾友張也爲難能也
包曰言子張容儀之難及
然而未仁
曾子曰堂堂乎張也難與並爲仁矣
鄭曰言子張容儀盛而於仁道薄也
曾子曰吾聞諸夫子人未有自致者也必也親喪乎
馬曰言人雖未能自致盡於他事至於親喪必自致盡
曾子曰吾聞諸夫子孟莊子之孝也其他可能也其
不改父之臣與父之政是難能也
馬曰孟莊子魯大夫仲孫速也謂在諒陰之中父臣及父政雖有不善者不忍改也
孟氏使陽膚爲士師
包曰陽膚曾子弟子士師典獄之官
問於曾子曾子曰上失其道民散久矣如得其情
則哀矜而勿喜
馬曰民之離散爲輕漂犯法乃上之所爲非民之過當哀矜之勿自喜能得其情
子貢曰紂之不善不如是之甚也是以君子惡居下
流天下之惡皆歸焉

孔曰紂爲不善。以喪天下。後世憎甚之。皆以天下之惡歸之於紂。

子貢曰君子之過也如日月之食焉過也人皆見之。更也人皆仰之。

孔曰更改也。

衛公孫朝

馬曰公孫朝衛大夫。

問於子貢曰仲尼焉學。子貢曰文武之道未墜於地在人賢者識其大者不賢者識其小者莫不有文武之道焉夫子焉不學。

孔曰文武之道未墜落於地。賢與不賢各有所識。夫子無所不從學。

而亦何常師之有。

孔曰無所不從學。故無常師。

叔孫武叔語大夫於朝

馬曰魯大夫叔孫州仇武謚。

曰子貢賢於仲尼。子服景伯以告子貢。子貢曰譬之宮牆賜之牆也及肩窺見室家之好夫子之牆數仞不得其門而入不見宗廟之美百官之富得其門者或寡矣。

包曰七尺曰仞。

夫子之云不亦宜乎。

包曰夫子謂武叔。

叔孫武叔毁仲尼。子貢曰無以爲也。仲尼不可毁也。他人之賢者丘陵也猶可踰也。仲尼日月也無得而踰焉。人雖欲自絶其何傷於日月乎。多見其不知量也。

言人雖自絶棄於日月。其何能傷之乎。適足自見其不知量也。

陳子禽謂子貢曰子爲恭也仲尼豈賢於子乎。子貢曰君子一言以爲知一言以爲不知言不可不慎也。夫子之不可及也猶天之不可階而升也。夫子之得邦家者。

孔曰謂爲諸侯若卿大夫。

所謂立之斯立道之斯行綏之斯來動之斯和其生也榮其死也哀如之何其可及也。

孔曰綏安也。言孔子爲政。其立教則無不立。道之則莫不與行。安之則遠者來至。動之則莫不和睦。故能生則榮顯。死則哀痛。

論語卷十九

論語卷二十

魏尚書駙馬都尉關內侯南陽何　晏集解

明　後　學　東吳葛　鼒較訂

堯曰第二十

堯曰咨爾舜天之歷數在爾躬

歷數謂列次也

允執其中四海困窮天祿永終

包曰允信也困極也永長也言爲政信執其中則能窮極四海天祿所以長終

舜亦以命禹

孔曰舜亦以堯命己之辭命禹

曰予小子履敢用玄牡敢昭告于皇皇后帝

孔曰履殷湯名此伐桀告天之文殷家尚白未變夏禮故用玄牡皇大后君也大大君帝謂天帝也

墨子引湯誓其辭若此

有罪不敢赦

包曰順天奉法有罪者不敢擅赦

帝臣不蔽簡在帝心

言桀居帝臣之位罪過不可隱蔽以其簡在天心故

朕躬有罪無以萬方萬方有罪罪在朕躬

孔曰無以萬方萬方不與也萬方有罪我身之過

周有大賚善人是富

周周家賚賜也言周家受天大賜富於善人有亂臣十人是也

雖有周親不如仁人

孔曰親而不賢不忠則誅之管蔡是也仁人謂箕子微子來則用之

百姓有過在予一人謹權量審法度修廢官四方之政行焉

包曰權秤也量斗斛也

興滅國繼絶世舉逸民天下之民歸心焉所重民食喪祭

孔曰重民國之本也重食民之命也重喪所以盡哀重祭所以致敬

寬則得衆信則民任焉敏則有功公則說

孔曰言政教公平則民說矣凡此二帝三王所以治也故傳以示後世

子張問於孔子曰何如斯可以從政矣子曰尊五美屏四惡斯可以從政矣

孔曰屏除也

子張曰何謂五美子曰君子惠而不費勞而不怨欲而不貪泰而不驕威而不猛子張曰何謂惠而不費子曰因民之所利而利之斯不亦惠而不費乎

王曰利民在政無費於財

擇可勞而勞之又誰怨欲仁而得仁又焉貪君子

無衆寡無小大無敢慢孔曰言君子不以寡小而慢也斯不亦泰而不驕乎君子正其衣冠尊其瞻視儼然人望而畏之斯不亦威而不猛乎子張曰何謂四惡子曰不教而殺謂之虐不戒視成謂之暴馬曰不宿戒而責目前成爲視成慢令致期謂之賊孔曰與民無信而虛刻期猶之與人也出納之吝謂之有司孔曰謂財物俱當與人而吝嗇於出納惜難之此有司之任耳非人君之道

子曰不知命無以爲君子也孔曰命謂窮達之分不知禮無以立也不知言無以知人也馬曰聽言則別其是非也

論語卷二十